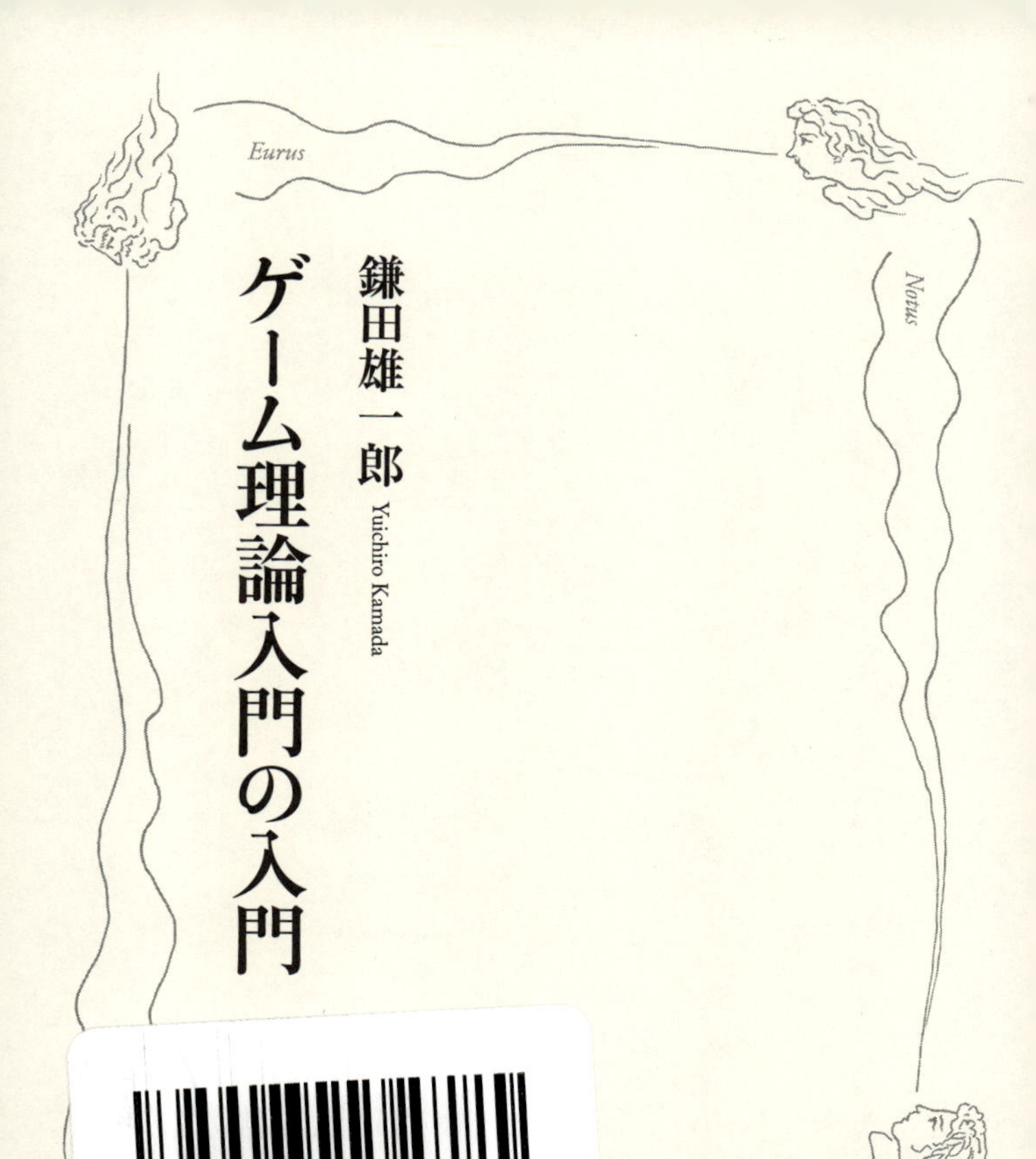

ゲーム理論入門の入門

鎌田雄一郎
Yuichiro Kamada

岩波新書
1775

はじめに　この本を手にとったあなたへ

この本を手にとったあなたは、「ゲーム理論」という言葉を聞いたことはあるかもしれない。でも、それはどういう理論なのだろうか？この本を読めばその全貌が明らかになる！ということは多分ないけれど、今までよりも鮮明なイメージを持ってもらえるようになるだろう。本書を読むと、以下のような良いことがある。

①もしあなたが進路を決めかねている高校生なら、本書を読むと大学で勉強する経済学のことが垣間見られるかもしれない。ゲーム理論は今や経済学を語る上で欠かせない理論だ。「経済学部に入るとこんなことを勉強するのか」と実感してもらえると思う。

②もしあなたがサボり癖のある大学生なら（もしくは、過去にそうだったなら）、せっかくの有難いゲーム理論の講義を寝て過ごしたなんてことがあるかもしれない。そんなあなたのための、ゲーム理論の復習書だ！

③もしあなたがゲーム理論をマスターした気になっている大学生・大学院生（だった）なら、この本を読んでもう一度ゲーム理論への理解を深めることをお勧めする。本書では、普通

の入門編や中級編の教科書では扱われないが僕が「入門の入門」に適切だと判断したトピックが扱われているからだ。

④もしあなたが数十年前に大学生だった人なら、当時はゲーム理論の講義自体まだなかったかもしれない。ゲーム理論は比較的新しい理論なのだ。本書は、そんなあなたを最新のゲーム理論の世界へご案内する。錆(さ)びついた知識を一挙更新しよう！

⑤もしあなたが重要な戦略決定(たとえば、新商品の価格設定や、新規市場への参入戦略の策定)に携わるビジネスパーソンなら、ゲーム理論の基礎を理解していることは欠かせないだろう。え？実はよく分かっていない？じゃあ、急いでこの本を読もう。

⑥もしあなたが何か新しいことを勉強したいと思っている人なら、この本はうってつけだ。ゲーム理論は前提知識をほとんど(というかまったく)必要とせず学べる理論なのだ。そして本書がそんなゲーム理論の、「入門の入門」である。本書を読んで、充実した知の生活を送ろう！

さて、本編に入る前に、少し自己紹介をしておく。何処の馬の骨だか分からない人が書いた解説なんて、信用ならないでしょ？

僕はアメリカの大学教員だ。カリフォルニア大学バークレー校という大学のハース経営大学院に所属している(図0-1)。いわゆるビジネススクールだ。大学教員だと言うと、時間の大半を授業に使っていると思われがちだが、これはよくある誤解だ。たとえば僕の場合、だいたい週一回MBA(経営学修士)かPhD(博士課程)の学生に授業をする以外は、もっぱら研究活動に勤しんでいる。具体的には、新しい理論を考えて学会誌に発表すべく、日々ゲーム理論のことを考え続けている。と言われても読者の皆さんは「何のことやら」と思われると思うが、だいたい毎日共著者とメールやテレビ電話で論文の方向性を話し合ったり、ホワイトボードに向かってウンウン唸って問題を考えたり、そうした結果をもとにパソコンに向かって論文を執筆したりしている。この本でも、我が大学での話、授業のことや研究生活のことも書いていくつもりだ。

僕の大学があるバークレーは、サンフランシスコのすぐ近くにある大学街だ(図0-2)。ほぼ毎日晴天で、青空が綺麗。一年を通して暖かく、冬だってBBQ(バーベキュー)ができる。BBQで現地在住の日本人(一〜二年のみ滞在の派遣駐在員の人が多い)と集まって話していると、「一体どういう経緯でアメリカの大学教員になったのですか?」とか、「アメリカ育ちなんですか?」とかよく聞かれる。でも僕は鎌倉生まれ横浜育ち。東京大学の農学部を卒業後、ハーバード大学の経済学部に留学した。農学部から経済学部に鞍替えするにあたっての壮大なストーリーは残念ながら本書では割愛するが、ともかく大学院に五年間通って博士号を無事取得した。その後イェール大学で一年間研究員を務めた後、現職に至る。ちょうど今、ここバークレーにきて六年目だ。

というわけで何やら経歴だけ見ると凄い人みたいだけれど、この本を読むと、「こいつ本当は大した奴じゃないんじゃね?」という気がしてくるかもしれない。そういう気がしてくるくらい、ゲーム理論は実は単純明快、初学者でもすぐ使いこなせるようになる理論なのだ。

でもまあとりあえずは、少しは僕のことを信用してもらえるかしらん?とにかく、これから始まるゲーム理論の世界に、ようこそ!

図 0-1　カリフォルニア大学バークレー校のキャンパスと青空(2018 年 12 月，著者撮影)

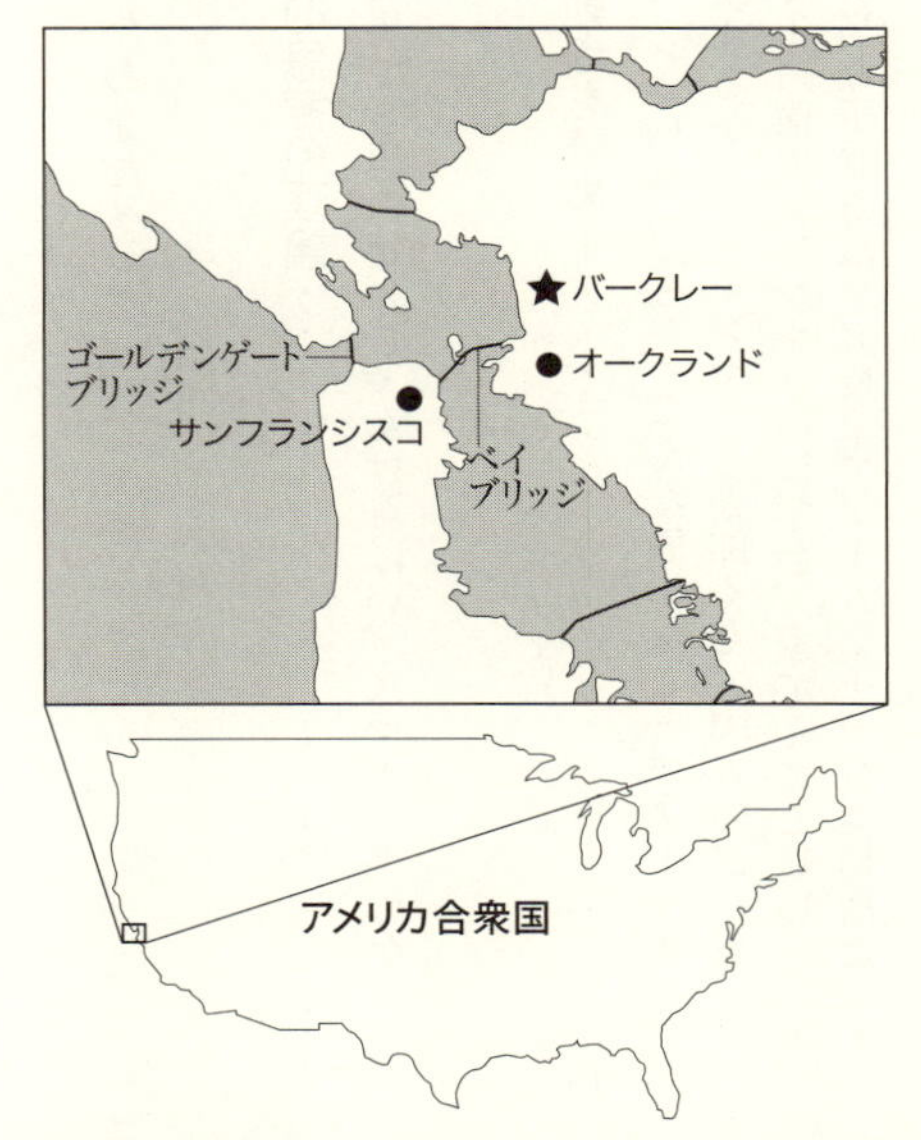

図 0-2　大学街バークレーと，サンフランシスコ

目次

図版製作　前田茂実

第1章
ゲーム理論とは
戦略的思考の理論

第1章では，世の中には3つの意思決定問題があるということを学ぶ．ラスベガスのカジノで遊ぶこと，競馬で馬に賭けること，じゃんけんをすること．これらは，実はすべて異なる種類の意思決定問題なのだ．ゲーム理論がどのような意思決定問題を分析する理論なのか，理解を深めよう．

ゲーム理論とは、ある種の意思決定を人間が行った結果何が起きるかを予測する理論である。ゲーム理論がどのような種類の意思決定を分析する理論なのかを理解するために、意思決定問題を三つに分類してみよう。一つ目が一番簡単で、三つ目が一番難しい。

ラスベガスで意思決定

まずは一つ目。ラスベガスでギャンブルに興じることを考えよう。ルーレットのどのスロットにボールが入るかを当てたりとか、サイコロの目が何になるかを当てたりとかの類の賭け事だ。実はこれは、よくよく計算すればどう賭けるのが一番いいか分かる問題だ。たとえば、ルーレットにスロットが36個あったら各スロットは1/36の確率で出ると予想できるだろうし、サイコロの目は各面が1/6の確率で出てくると予想できる。これらの予想は、真面目に計算してやれば、人によって違うということはない。そうした予想をもとに、どこに賭けるか決定してやればよい。それだけの話だ。もしかしたら計算の結果、「ラスベガスになんて行かない方がいい」となるかもしれないけれど。

「ルーレットだって十分難しい問題だ！」と思われるかもしれないが、残念、これが一番簡単な種類の問題だ。なぜこれが簡単と見なされるかは、次の問題を見てもらえれば分かるだろう。

競馬で意思決定

僕は中学・高校と、横浜の実家から東京にある私立学校まで片道八〇分かけて電車で通っていた。電車の中には、スポーツ新聞片手に必死に競馬の予想をしているおじさんというのがよくいたものだ。このおじさんたちが、二種類目の意思決定問題の主役だ。

スポーツ新聞は、今までのレースのデータ、そして専門家の予想を載せている。これらの情報をもとに、おじさんたちは何かしらの予想を立て、特定の馬(や馬の順位)に賭けるわけだ。ここで気づいてほしいのは、おじさんが二人いたら、彼らはそれぞれ異なった予想を立て、異なった馬に賭けるかもしれないということだ。そもそも、馬券購入者全員が同じ予想を立てて各々儲け額の期待値をできるだけ上げようとしようものなら、競馬なんてものは成立しない。人によって予想が違うからこそ、誰かが損をし、誰かが大金を手にする。馬券購入者同士で予想が異なること自体が、競馬の本質なのだ。

さて、ルーレットには存在しなかったこの「予想の違い」。これはどこから来るのだろうか。実は予想の違いは、さまざまな経緯で起こりうる。同じ新聞を読んでも、二人のおじさんは掲載されたデータをそれぞれ違うように解釈するかもしれない。ある専門家の予想をどれくらい信じるかもそれぞれ異なるかもしれない。そもそも二人は違うスポーツ新聞を読んでいるかもしれない。二つのスポーツ新聞は異なる専門家の予想を載せているかもしれないし、異なるデータを載せているかもしれない。

こんな状況では、おじさんたちはまず新聞にある情報を見て解釈し、その解釈に基づいて「どの馬がどれくらいの確率で勝ちそうか」を考える。そしてその予想をもとに、賭ける馬を決めなければいけない。このようにおじさんの意思決定問題は二つのステップ（自分なりの予想を立て、そして意思決定する）からなるので、カジノのケースと比べると難しいと考えられている。この「どの馬がどれくらいの確率で勝ちそうか」という予想は人によって違うので、**主観的予想**という。ちなみに、ラスベガスのカジノの問題で「サイコロの目が⅙の確率でそれぞれ出てくる」というような予想は、**客観的予想**という。

この主観的予想が絡む意思決定問題は、他にもいろいろある。たとえば、ＪＴという会社は日本のタバコ市場を独占しているわけだが、ＪＴがタバコの価格設定をしようとしているとしよう。この意思決定をする際に一番手っ取り早い方法は、データをとることだ。タバコの価格というのは頻繁に変わるものだから、一箱400円のときにどれくらい売れたとか、450円のときはどれくらい売れ行きが減ったとか、そういったデータがあるはずだ。ＪＴはこのデータを利用して、新価格ではどれくらいの売れ行きがあるかについて主観的予想を立て、それに基づく価格設定をするということになる。たとえば、500円という新価格をつける場合450円の時からの売上減少は十分少なく済むか？こうした主観的予想を、データをもとに計算する。そしてその計算結果をもとに、価格設定をするのである。

この「データをもとに」というのがミソだ。ＪＴにマーケティング担当が二人いれば、二人が同じデータを持っていたとしてもそれを使ってどのように売上減少を予想するかは異なるかもしれないからだ。それに、そもそも二人が全く同じデータを取ってくるとも限らない。そういうわけで、「データをもとに」した予想は、必然的に主観的予想となるのである。

じゃんけんぽい

じゃんけんで勝つためにはどうすればいいだろうか。「そんな方法なんてないだろう」と思うかもしれないが、ちょっと待った、こちらはゲーム理論家だ。じゃんけんの真実を教えて進ぜよう。

ゲーム理論家が発見したことは、「じゃんけんに勝つ方法なんてないと証明できる」ということだ。残念！

残念だけれど、ゲーム理論家の言うことなんて置いておいて、あなたが今、何がなんでもじゃんけんで勝ちたいとしよう。時は二〇一一年、AKB48 24thシングル選抜じゃんけん大会。あなたはAKB48の藤江れいな。相手は篠田麻里子(通称マリコ様)だ。あと一回、この決勝戦で勝てばセンターになれる。さて、何を出せばいいだろう。グーか？チョキか？パーか？

それを決めるには、小学校の時よくやったアレをやったらいいかもしれない。両腕を交差させてから両手を結び、よいしょっと手前に腕をひねって手と手の隙間から相手が何を出すか読む、あの技だ(図1-1)。そう、あなたは小学生の時から、じゃんけんで勝つための第一ステップをマスターしていたのだ。つまり、「マリコ様が何を出してくるかを予想する」ということだ。もう少しカッコつけて言うと、「マリコ様がグーを出す確率、チョキを出す確率、パーを出す確率、を計算する」のだ。これらはすべて、主観的予想に基づく確率だ(マリコ様はサイコロではないことに注意)。だから、この問題は先ほど話した競馬やJTの問題と少し似ている。

でも違いがある。それは、この主観的予想がどこからやって来るかだ。新聞に書いてあるだろうか？「マリコ様がグーを出す確率はどうやら45%のようです」なんて書いてありっこない。

図1-1　戦略的行動の第一ステップ

ではどこかにデータがあるだろうか？これはあるかもしれない。過去のじゃんけん大会の結果をよくよく見てみれば、「マリコ様が各手を何回ずつ出したか」は分かる。しかし、なぜそのデータが役立つだろう？たとえば、今までどうやらパーを出すことが多かったようだ。ということは、あなたはチョキを出すべき？ちょっと待った。マリコ様はそんなことはお見通しで、裏をかいてグーを出してくるかもしれない。

そう、ここから分かるようにあなたは、マリコ様があなたが何を出そうとしているかについてどう考えているかについて、考えなくてはいけないのだ。

話がややこしくなってきたが、この思考プロセスはもちろんここでは終わらない。あなたは、マリコ様があなたがマリコ様が何を出そうとしているかについてどう考えているかについてどう考えているかについて、考えなくてはいけないからだ。ますますややこしくなってきたが、こういった「あなたはマリコ様があなたが……どう考えているかについてどう考えているかについて……」という思考の連鎖は無限に続く。これがまさに、じゃんけんにおける意思決定の難しさなのだ。

このような「自分は相手の出方を予想して意思決定するし、相手も自分の出方を予想して意思決定する」状況を**戦略的状況**という(図1-2)。ゲーム理論では、この戦略的状況を**ゲーム**

図 1-2　高度に戦略的状況において，マリコ様の勝利
（写真提供：スポーツニッポン新聞社）

と呼ぶ。この最も難しい意思決定問題「ゲーム」で何が起きるかを予測するのが、ゲーム理論の役目なのだ。

スマホ市場のゲーム理論

もちろん、ゲーム理論はじゃんけんの結果を予測するためだけの理論ではない。たとえば、スマホ市場を考えよう。NTTドコモとソフトバンクと(auを展開する)KDDIの三社が、年末商戦での新規顧客獲得に向けて新しいスマホ格安プランをリリースするとする。各社は、いったいどんな戦略で売り出したらいいだろう。顧客は各ブランドの値段や品質を見比べてどれを買うか決める。だから、ドコモはソフトバンクやKDDIがいくらにするか、どんなプランを用意してくるか、どんな広告を打ってくるかを予想しなければいけないし、ソフトバンクも同じように他二社の戦略を予想する(もちろんKDDIも同様に予想を立てる)。というわけで、ドコモはソフトバンクが他社の戦略についてどのような予想をしているかについて予想しなければいけない……という具合だ。ちなみにこうやって少ない数の、しかし二つ以上の企業が競合する市場を、**寡占市場**(かせん)と呼ぶ。寡占市場で何が起きるか予測するには企業間の思考の連鎖を理解することが欠かせないので、ゲーム理論が使われる。経済学者がゲーム理論を研究する理由が、分かってきましたか？

他にもたくさん例があるけれど、本書を通じていろいろ紹介していくので、今のところはこれくらいにしておこう。

ともあれ、ここまで見てきたように、戦略的状況では「藤江れいなはマリコ様が藤江れいなが……どう考えているかについてどう考えているかについて……」や「ドコモはソフトバンクがＫＤＤＩが……どう考えているかについてどう考えているかについて……」といったように無限の思考の連鎖がある。この無限連鎖の果てに、藤江れいなとマリコ様が、はたまたドコモとソフトバンクとＫＤＤＩが、何をするのか。どうやったらその結果を予測できるだろうか。

次章から、この複雑怪奇な戦略的状況でゲーム理論がいったいどのように予測を立てるのか、紐解いていこう。

入門の入門

第2章
ナッシュ均衡
相手の動きを読め！

第2章では，ゲーム理論で最も基本的な概念であるナッシュ均衡を定義する．そしてナッシュ均衡を使って，戦略的状況において予測を立てる例を示していく．ルパンと次元はミロのビーナス盗みを白状するのか，セレブ向け超新型掃除機の価格設定はどう決まるか，僕はちゃんと家事をするのか，ナッシュ均衡でお見通し！

実はコロンブスの卵

〈ビューティフル・マインド〉という映画をご存知だろうか。ゲーム理論の基礎を築いた数学者の一人、ジョン・ナッシュの半生を描いた作品だ。内容はまだ観ていない読者のために書かないでおくが、このナッシュという人が、一九五〇年、ゲーム理論で今でも盛んに使われる概念、その名も「ナッシュ均衡」を発明した。〈ビューティフル・マインド〉の劇場版ポスターには「彼は誰も想像できなかったやり方で世界を見た（He saw the world in a way no one could have imagined）」と書いてあるのだが、この「誰も想像しなかったやり方」こそがまさに、ナッシュ均衡なのだ（図2-1）。

では、ナッシュ均衡とはなんぞや。ここで読者の皆さんに朗報。「誰も想像できなかったやり方」というのは、難しすぎてナッシュ以前は誰にも分からなかったということではなく、あまりに簡単すぎて誰も気づかなかった、と言った方が正しいのだ。すなわち、「コロンブスの卵」的発想なのだ。コロンブスが卵をバシン！とテーブルに置いた時には、見ていた人は開いた口が塞がらなかったかもしれない。あなたもナッシュ均衡が何かを聞いて、開いた口が塞がらないかもしれない。でもそれで構わない。卵の立て方は十中八九ほぼ使い道のないトリックだけれど、ナッシュ均衡はとても汎用性の高いモノだから。それは、この本の続きを読んでもらえ

HE SAW THE
WORLD IN A WAY
NO ONE COULD HAVE
IMAGINED.

（訳：「彼は誰も想像できなかったやり方で世界を見た。」）

図 2-1　映画〈ビューティフル・マインド〉の劇場版ポスター
©Universal Pictures & DreamWorks

れば少し分かってもらえると思う。

まあ御託を並べるのはこれくらいにして、ナッシュ均衡が何なのかの話をしようではないか。

ナッシュ均衡の定義

ナッシュ均衡が何かを理解するために、第1章で扱った一種類目と二種類目の意思決定問題を思い出そう。どちらも、「予想」をもとに意思決定をする、という問題だった。戦略的状況では、この予想が「相手が何をするか」に対応する。つまり、

戦略的状況での行動＝予想に対するベストな反応

予想＝相手が何をするか

ということだ。この二つを組み合わせると、

戦略的状況での行動＝相手が何をするかに対するベストな反応

となる。実はこの式によって表される状態こそが、**ナッシュ均衡**なのだ。

たとえば、藤江れいなとマリコ様を考えよう。藤江れいなの手がマリコ様の手に対するベストな反応であり、かつマリコ様の手が藤江れいなの手に対するベストな反応である状態を、ナッシュ均衡と呼ぶ。同じように、ドコモの戦略がソフトバンクの戦略とＫＤＤＩの戦略に対す

るベストな反応で、ソフトバンクの戦略がドコモの戦略とＫＤＤＩの戦略に対するベストな反応で、かつＫＤＤＩの戦略がドコモの戦略とソフトバンクの戦略に対するベストな反応である状態を、ナッシュ均衡と呼ぶ。

こんな簡単なことでノーベル賞?

ナッシュ均衡の定義を聞いて、皆さんの口は開いたまま塞がっていないかもしれない。「それの何がすごいんですか」と。僕も初めて聞いた時は、まったく感動しなかった。でも、ゲーム理論の研究をし続けてきて、これがいかに偉大な概念かが何となく分かってきた。というわけでこれから、さまざまな例を通して、ナッシュ均衡を使うとどのようなことが分かるかを見ていこう。

でもその前に、ナッシュ均衡が偉大で使える概念だと思っているのは僕だけではないということを断っておこう。ナッシュ均衡やそのアイディアを発展させた概念は、ここ数十年のあいだに国際学会誌に発表されてきたゲーム理論関連の論文の九五％以上に出てくると言っても過言ではない。あまりにナッシュ均衡が有名で皆が使うので、ナッシュがナッシュ均衡を定義した一九五〇年の論文は、最近の論文ではもはや引用すらされなくなってきている。そのくらい、当たり前の概念になってきたのだ。

ちなみに余談だが、ナッシュは自身の論文でナッシュ均衡を「ナッシュ均衡」と命名していない。彼はただ単にそれを「均衡点」と呼んだ。後々の研究者たちがナッシュの功績を称え、「ナッシュ均衡」と呼ぶようになったのだ。

ナッシュは、ゲーム理論の均衡に関する先駆的研究に貢献したとして、一九九四年にノーベル経済学賞を受賞した。ナッシュの研究以来、ナッシュ均衡の有用性がその後のゲーム理論家および経済学者たちによって明らかにされてきたのである。ナッシュ均衡は誰にでも分かる簡単な概念だが、ナッシュは実は難解な高等数学を操る数学者でもあった。彼は社会状況のエッセンスを捉え抽象化する天才だったと言ってもいいかもしれない。

ナッシュは二〇一五年に、乗っていたタクシーが交通事故に遭い亡くなった。「非線形偏微分方程式の理論とその幾何解析への応用への著しく先駆的な貢献」に対してアーベル賞という栄誉ある数学の賞を受賞した帰り道だった。

ルパンと次元は白状するか

まだ僕が日本で大学生だった頃、経済学部を卒業した二歳年上の従兄に「最近ゲーム理論の勉強をしているんだ」と話したら、こう返ってきた。

「囚人のジレンマでしょ?!他は何も覚えてないけど!」

まあ、経済学部を卒業した学生はだいたいそんなものだろう。逆に言うと、囚人のジレンマくらいは知っておかないと、「ゲーム理論のことは何も知らない人」扱いされてしまうので、これだけは知っておこう。

こういう話だ。

泥棒が二人、いるとする。仮に、ルパン三世と、相棒の次元大介ということにしよう。彼らはルーブル美術館に忍び込んで、〈ミロのビーナス〉を盗んだ。らしい。でもどうにもこうにも証拠がない。分かっているのは、二人がルーブル美術館に不法侵入し、ダ・ビンチの〈モナ・リザ〉にヒゲの落書きをしたということだ。なんてったって、〈モナ・リザ〉には油断した二人の指紋がベッタリついていたのだ。銭形警部は、この二人が打ち上げの酒盛りをしているところをまんまと逮捕。彼は、二人がどうやら〈ミロのビーナス〉をどこかの倉庫に一時的に隠したと踏んでいる。しかし、悲しいかなそれがどこか分からない。そこで銭形は二人を別々の取調室に入れ、ルパンにこう持ちかける。

「なぁルパンよぉ、そろそろ白状しねぇか?二人とも白状しないなら、こちらにも証拠がねえ。不法侵入と落書きの罪で禁固刑2年だ。だがな、もしお前が白状せずに、次元が白状してみろ。お前はビーナス盗みを隠したってことで、禁固刑5年にしてやる。それで、次元は正直に自白したってことで情状酌量、無罪放免になるってぇわけだ。かわりにだ、もし白状したのがお前だけなら、次元は5年ムショ、お前は無罪放免にしてやろう。もしお前も次元も白状すりゃあ、こりゃどうしようもねぇ。証拠が揃ったってぇわけで、二人とも4年はムショにいてもらうことになるぜ。さあどうするぅ、ルパンよぉ」

銭形は同様の話を次元にも持ちかける。ルパンも次元も、お互いがこうした話を持ちかけられたことをよくよく銭形から聞かされているとする。

さて、ルパンは白状すべきだろうか?ルパンも次元も刑期の長さのみを気にするとして、考えてもらいたい。

もしあなたがルパンなら、まず次元が白状するかどうか予想しなければならない。たとえば、「次元は白状する」と予想したとしよう。そうすると、ルパンは白状すれば禁固刑4年、しなければ禁固刑５年だ。これは白状しておいた方がいい。では逆に、「次元が白状しない」と予想したとしよう。この場合、ルパンは白状すればシャバに直行、しなければ禁固刑２年だ。これまた、白状した方がよかろう。つまりルパンにとっては、次元が白状するかどうかの予想に関わりなく、白状した方がいいのだ。

同様の議論が、次元についてもできる。つまり次元にとっても、ルパンが白状するかどうかの予想に関わりなく、白状した方がいいのだ。

というわけで、二人とも白状し、仲良く４年の刑になるだろう。

このことを、ナッシュ均衡の定義を使って考えてみよう。ナッシュ均衡では、ルパンも次元もお互いにベストな反応をしていなければいけない。では、二人とも白状しない状態はナッシュ均衡だろうか。いや、違う。なぜかと言うと、もし次元が黙秘を続けるならば、ルパンとしては黙秘を続けるのはベストではなく、白状した方がいいからだ。つまり、二人とも白状しないという状態では、「ルパンも次元もお互いにベストな反応」をしているという条件が満たされていないのだ(ちなみに、次元としても、ルパンが白状しないなら白状しておいた方がいい。この意味においても、二人とも白状しないという状態はナッシュ均衡ではない)。

では、次元が黙秘を続けてルパンが白状するという状態はナッシュ均衡だろうか。これも違う。もしルパンが白状するなら、次元としては黙秘を続けるのはベストな反応ではないからだ。同様に、ルパンが黙秘を続けて次元が白状するというのもナッシュ均衡ではない。

最後に、二人とも白状するという状態が確かにナッシュ均衡になっていることを確かめよう。もし次元が白状するなら、ルパンとしても確かに白状しておいた方がいい。自分だけバカみたいに黙秘して禁固刑5年を食らうのは具合が良くない。次元としても、ルパンが白状するなら自分も白状しておいた方がいい。というわけで、二人とも白状するという状態では、「ルパンも次元もお互いにベストな反応」をしているという条件が満たされている。

そして、ここまでで確認したように、誰か少なくとも一人が白状しないという状態はナッシュ均衡ではない。したがって、囚人のジレンマで何が起きるかについてのナッシュ均衡による予測は、「二人とも白状する」なのである。

「ジレンマ」と太郎くん

ここで、二つほど論点を挙げたい。まず、なぜこのゲームが囚人のジ、レ、ン、マ、と呼ばれるかだ。これは、ナッシュ均衡における禁固刑の長さ（4年）が、二人とも白状しない場合の2年と比べて二人ともにとって長いからである。もし二人が何らかの方法で「二人とも白状しない」ことを選べたら刑期が短く済んだのに、二人ともそれぞれの意思決定問題を考えた結果、長い刑期お勤めしなければいけなくなってしまうのだ。

第二の論点は、では実際にルパンが白状しそうか、ということだ。あなたは思うかもしれない。刑期を全うした後に、ルパンは次元とまた泥棒稼業に精を出すに違いない。そのときに、もし自分だけ抜け駆けして白状していようものなら決まりが悪い。だから、白状しないのではないか。それにそもそも、ルパンは仲間を売るなんていう卑怯な真似はしないだろうし、一人だけ釈放されたところで峰不二子にビンタされるかもしれない。

これらは一見まともな意見だし、実際ルパンが捕まろうものならこれらのことを考えて白状しないかもしれない。でもこんなふうに考えたあなたには、ぜひ次の算数の問題を考えていただきたい。

問題　太郎くんの家から学校までの道のりは300メートルです。この道のりを太郎くんは、分速60メートルで家から学校に向かって止まらずに歩きました。学校に着くまでに何分かかったでしょうか。

答えはもちろん5分である。この問題を見て、「いや、でも学校に行く途中には実は信号があって1分止まらないといけないかもしれないし」とか、「学校に行く途中に忘れ物があるのを思い出して家に引き返すかもしれないし」とか、「途中で花子ちゃんと会って話すかもしれないから遅くなるかもしれないし」とか言う人はまずいないだろう。そんなことを言う人がいようものなら、

「いや、そうかもしれないけどさ、問題には太郎くんは止まらないって書いてあるんだし、分速60メートルで歩いたって書いてあるんだからさ、そういう屁理屈言うなよ」

とあなたは言うだろう。そしてもしこのあまのじゃくが、

「でもそんなふうにかかった時間を求める算数なんてものは使い物にならない！」

などと言い出そうものなら、あなたは、

「いやいや、もちろん信号があったり忘れ物をしたり花子ちゃんが登場する場合の所要時間だって、算数で計算できるよ。でも、こういう基本問題をちゃんと理解していることが、君の言うようなもっと複雑な問題を考えるときの助けになるんだ」

と返すわけだ。

同じことが囚人のジレンマについても言える。「ルパンも次元も刑期の長さのみを気にする」と言っているのだから、お勤め後の泥棒稼業のことやルパン特有の性格や峰不二子のことはとりあえず忘れておこう。それで、もし「そんなのはあまりに非現実的で気に食わない」とあなたが言うのなら、僕はこう言おう。

「ゲーム理論では、囚人のジレンマゲームの後に長期的関係があるときの分析や、人それぞれ特有の性格がある場合の分析や、白状することに事後的に罰(ビンタのような)があるときの分析もできる。でも、「囚人のジレンマ」という基本問題をちゃんと理解していることが、そうしたもっと複雑な問題を考えるときの助けになるんだ」

囚人のジレンマで、社会経済問題を斬る!

数年前勤め先の大学で、高校生のためにミニ講義をする機会があった。何でもいいから何か話してくれと頼まれた。高校生たちは環境問題に興味があるらしい。それならばということで、囚人のジレンマの話をした。環境問題の文脈ではこれは「共有地の悲劇」と呼ばれていて、以下のようなストーリーで語られる。

「何人かの牛飼いが共同で草地を管理し、牛を放牧している。もし牛飼い全員がそれぞれの飼い牛が草を食べる量を制限すれば、草は生い茂って牛もよく育つ。しかしもし他の牛飼いの牛のことを考えないならば、自分の牛には腹いっぱい食べさせておきたい。結局どの牛もそれぞれ勝手に食べ過ぎた結果、草地は荒れ放題になってしまい、結局牛はうまく育たず牛飼いたちは大損してしまった。皆でなんとか草を食べる量を制限できたらよかったのに！」

このストーリーの、「自分の牛にはお腹いっぱい食べさせる」を「白状する」に、「自分の牛にもそこまでたくさんは食べさせない」を「白状しない」に置き換えてみる。するとこれはまさに囚人のジレンマで表されるような意思決定問題だ、ということがお分かりいただけるだろう。

このように、囚人のジレンマのストーリーはさまざまな社会問題に当てはまる。同じく環境問題でいえば、二酸化炭素排出の問題にも当てはまるであろう。すべての国が排出量を抑えている状態は、すべての国が多量に排出している状態よりもすべての国にとって良い。しかし自国の経済発展だけを考えると、他国の排出量に関わりなく多量に排出したくなる。結果、どの国も二酸化炭素を多量に排出してしまい、大気が汚染される。

チームワークも同様。皆が力を合わせる方が、全員がサボるよりもいい。しかし、他のチームメイトの働き具合に関わりなく、自分としてはサボった方が楽だ。そんな場合には、結局チームの皆がサボってしまう。

次に、囚人のジレンマの考え方が経済問題にも応用可能なことを見ていこう。寡占市場での価格設定について考える。簡単のために、セレブ向け超新型掃除機を考えよう。メーカーAとメーカーBがあって、どちらも製造その他諸々にかかる総費用が一台につき3万円。各メーカーそれぞれが11万円か9万円かの値段を決める、とする。顧客は全部で10万人いて、もし二社が同じ値段をつけたなら各社5万人ずつ顧客を得る。もし値段が違うなら、低い値段のメーカーが10万人すべての顧客を得るとする。こうした状況に二社が置かれていることは、二社ともお互いよくよく理解しているものとする(ちなみにこの「ゲームのルールをゲームの参加者がお互いよくよく理解している」というのは本書で今後紹介する他のすべてのゲームについても仮定するが、いちいち繰り返し但し書きをしないことにする)。

ここであなたは、「値段が11万円と9万円しかありえないなんて非現実的だ。なんで8万円にできないいんだ?」とか、「いっぱい広告を打ったら10万人以上顧客が集まるんじゃないか?」とか、「メーカーAの方が好きな顧客はAの値段の方が少しくらい高くてもその掃除機を買うかもしれないし、高い値段の方が高品質だと思う人は高い値段の掃除機を買いたいかもしれない」とか言うかもしれない。でもおあいにくさま、前回同様そういった質問は受けつけない。そういった場合の分析ももちろんゲーム理論家たちによってなされてきていることは、僕が保証する。だからここは、話を簡単にして囚人のジレンマに対する理解を深めるということだけのためにこうした簡単な例を用いているのだということを、ご理解いただきたい。

さて、各社の意思決定は、11万円にするか9万円にするか、だ。

各社11万円にした場合、各社の儲けは顧客一人あたり11万円マイナス3万円で8万円。これが5万人に売れるから、利潤は40億円だ。同様に、各社9万円にした場合、各社の儲けは顧客一人あたり9万円マイナス3万円で6万円。これが5万人に売れるから、利潤は30億円となる。つまり、各社11万円の方が各社9万円より、それぞれのメーカーにとって望ましい。

では、各社11万円という状態はナッシュ均衡だろうか。もし相手メーカーが11万円をつけているのならば、自社が11万円にしたら、先ほど計算したように儲けは40億円。一方9万円に値下げしたら、儲けは一人あたり9万円マイナス3万円で6万円、これが10万人に売れるので、総額60億円の儲けとなる。だから、値下げした方が良い。つまり各社11万円という状態では、どのメーカーも相手の価格設定に対してベストな反応をしていない。だからこの状態は、ナッシュ均衡ではない。

	他社の価格	
	11万円	9万円
自社の価格 11万円	各社の利潤は40億円	自社は利潤が0億円, 他社の利潤は60億円
自社の価格 9万円	自社は利潤が60億円, 他社の利潤は0億円	各社の利潤は30億円

図2-2　セレブ向け超新型掃除機の価格決定問題の利得表

片方のメーカーが9万円でもう片方が11万円という状態も、ナッシュ均衡ではない。11万円に価格設定しているメーカーは今のところ利潤ゼロだが、9万円に値下げすることで何かしらの利潤が出るからだ。

最後に、二社とも9万円をつけているとする。すると、もし値上げしようものなら利潤は30億円から0億円にだだ、、、下がりする。だから9万円をつけているのは確かにベストな反応だ。すなわち、各社9万円を付けるという状態はナッシュ均衡なのだ。そしてこれが唯一のナッシュ均衡というわけだ(この議論の参考になる表を図2-2に書いてみたので参照されたい。ちなみにこの表を**利得表**と呼ぶ)。

以上、この簡単化された価格競争も囚人のジレンマによく似ている、ということがお分かりいただけただろう。

僕のジレンマ

囚人のジレンマというのはとにかくゲーム理論の基本なのだが、これが何ともややこしい代物だ。先ほど話題に挙げた高校生に対する講義のように、「ゲーム理論とは何ぞや」の解説をたった一つの例を用いてしなければいけないということが、僕には往々にしてある。そんなとき、囚人のジレンマを例として使うのがいいのか悪いのか、迷ってしまう。ここではその迷いについて書いてみたい。三つの論点を挙げるが、一つ目と二つ目は囚人のジレンマがゲーム理論を語る上で適していると僕に思わせる点で、三つ目はそうでないと思わせる点だ。

まず、一つ目の論点。多岐にわたる社会経済問題(共有地問題、二酸化炭素排出問題、価格設定問題、など)を我々は一つの「囚人のジレンマ」というフレームワークで考えることができる。一見似通っていない様々な状況の本質がシンプルな一つのフレームワークで分析できる、というのはゲーム理論の醍醐味だ。この意味で、囚人のジレンマにはゲーム理論の旨味がなかなか詰まっている。実際僕も、高校生への講義で共有地の悲劇について一通り説明した後、それが囚人のジレンマというゲームと実は同じなのだということを説明した。実はその時、

「実はこれは囚人のジレンマと言ってだな……」

と言いながら黒板に大きく「囚人のジレンマ」を英語で

「Prisoner's dilemma」

と書こうと思ったのだが、どうもジレンマの綴りがわからない。「あれ、lはいくつだっけ、mはいくつだっけ」などと考えながらチョーク片手にもじもじしていたところ、講義のヘルプをしてくれていた大学生が教えてくれた。未来を担う若者たちの前で赤っ恥をかいたものだ。

二つ目に、ジレンマがあるというところがゲーム理論らしい、らしい。この点を理解するには、少し経済学の歴史を紐解かなければならない。ゲーム理論が経済学者に盛んに研究されるようになる以前から、「人々がそれぞれにとってベストな選択をすれば、社会全体が幸せになる」ということが知られていた。これを、「厚生経済学の第一基本定理」と呼ぶ。一八世紀にアダム・スミスが唱えた「神の見えざる手」によって市場が効率的に機能するという理論を、後の経済学者たちが数学的に証明した定理だ。

しかし、囚人のジレンマの予測によれば、ルパンと次元は二人ともそれぞれベストな選択をした結果長いこと獄中にいなくてはいけないし、牛飼いたちは草地を荒らしてしまうし、二酸化炭素は過度に排出されてしまう。なぜ予測に違いが起きるかというと、べつに厚生経済学の第一基本定理の証明が間違っているのではない。実はその定理を正しくさせている仮定が、囚人のジレンマでは成り立っていないのだ。具体的には、厚生経済学の第一基本定理では、各消費者が選ぶ購買行動やその結果もたらされる幸福度は市場価格にのみ依存し、他の消費者がどのような購買行動を取るかには一切影響を受けないということが仮定されている。翻って囚人のジレンマでは、ルパンの刑期は次元が白状するかしないかで大幅に変わってくる。つまり囚人のジレンマでは、厚生経済学の第一基本定理の背後にある仮定が満たされていないのだ。これが、「囚人のジレンマ」がゲーム理論を語るのに適している第二の理由だ。

ちなみにこの第二の点は、ちょっと読者の皆さんには伝わりづらいかもしれない。実は僕も、あまりしっくりきていない。いま書いたような説明がしっくりくるというのは、しばらく経済学を勉強してきて厚生経済学の第一基本定理に慣れ親しんだ人が、初めてゲーム理論に触れて持つ感覚だろう。ちょうど、ゲーム理論が経済学で盛んに使われ始めた一九八〇年代の経済学者にぴったりの説明なのだ。僕の場合は、経済学で厚生経済学の第一基本定理を学ぶ前にゲーム理論を学んだので、どちらかというと厚生経済学の第一基本定理の方が驚きの結果である。皆さんもそう思ったとしたら、それはそれで構わない。

さて、僕は先ほど囚人のジレンマをゲーム理論の代表例として用いることに迷いがあると書いた。最後に、囚人のジレンマはゲーム理論を語る上ではあまりよくない例でもある、という三つ目の論点について説明しよう。これは、次元が白状するかしないかに関わりなくルパンとしては白状する方が白状しないよりいい、ということだ。つまりルパンとしては、次元が白状するかどうかについて予想する必要すらないのだ。

ルパンの行動が次元の行動に対する予想に左右され、次元の行動はルパンの行動に対する予想に左右される、だからルパンは次元がルパンの行動に対してどのような予想をしているかを予想しなければならない……、という無限の思考の連鎖がゲーム理論のミソだったはずだ。でも囚人のジレンマでは、このミソが完全に抜け落ちている。ミソ抜けの元の、「次元の出方に関わりなくルパンとしては白状する方が白状しないよりいい」という状況を、「ルパンにとっては白状しないという戦略が（白状するという戦略に）**支配される戦略**である」という。そして、この「白状する」のように相手の行動に関わりなくベストである戦略を**支配戦略**という。

僕は学会、家てんてこ舞い

僕の曽祖父は、小樽商科大学（当時の小樽高等商業学校）に通っていた。そして経済学者になった。僕はそんなこととは露知らず経済学者になったので、血は争えないなと思わされる。この小樽商科大学で毎年八月、日本中が暑さに苦しむ中、経済学の学会が開催される。涼しいところでリフレッシュしながら最新の研究動向を探り合おうというわけだ。

「学会って何をやるの？」と素人諸君は思うかもしれない。学会にもいろいろな種類があるが、よくあるのは、各研究者が一人当たり一五分〜一時間くらいの持ち時間に自分の最新の論文を発表する、という形式である。大きな学会だと同時刻に複数の発表がなされていて、聴衆は自分の興味ある発表を聞きに行く。小さな学会だと、同時刻には一つの発表しかないので、学会で行われるすべての発表を聞くことができる。学会の醍醐味は最新の研究成果を聞くこともそうだが、もっと重要なのは研究者同士の情報交換および交流だ。通常、発表と発表の間にはコーヒータイムがあり、そこで研究関心を共有する他の研究者と最新の研究について紹介し合ったり、発表のあった論文について議論を交わしたりする。それから、昼ご飯や夕ご飯にも学会参加者と行って、親睦を深める。小樽には美味しい寿司やジンギスカンがあるので、こうした食事会はとても盛り上がる。ちなみに僕は、小樽のラーメンの名店「オレンジ」で味噌ラーメンを食べることで一人盛り上がっている。

しかしながら、話はそう簡単ではない。我が家で学会で盛り上がっているのは、残念ながら僕だけだ。学会に行くとなるとしばらく家を空けなくてはいけないから、ただでさえ子どもたちの世話でてんてこ舞いの我が家には大打撃なのだ。と言っても、僕はどうせ家事をしないので、それほど打撃はないかもしれない。

ともかくここからは、僕が学会に行っていない日常生活における、家事をするかしないかに関する妻と僕との駆け引きについて考えてみたいと思う。事前に断っておくと、今から書くことは僕ら夫婦限定の話で、これは一般の夫婦やカップルのあり方がこうであるべきという話ではないし、僕がそうであると予測しているという話でもない。ただ単に、我が家の話だ。

我が家のナッシュ均衡

さて、家事というと話が広過ぎるので、もっと限定して、夕飯の支度を誰がするのかという問題を考えよう。具体的には、次のような問題だ。

僕は夕飯の支度に参加するかしないかを選ぶ。妻もこれを選ぶ。妻も僕も、誰も夕飯の支度をしないのは最悪だと思っている。お腹が空いては具合が良くない。妻は料理が好きだ。だから、僕が支度に参加しようがしまいが、自分は夕飯の支度をした方がしないよりもいいと思っている。妻にとって一番いいのは僕も一緒に夕飯の支度をすることだが、もし一人しか支度しないのなら僕にやってもらいたいと思っている。家事は他にもいろいろあるからね。

僕はといえば、一番いいのは妻が一人で夕飯を作って自分は何もしない、ということだ。僕が料理をしたら悲惨なことになるし、何より妻の作る食事は美味しい。でももし僕が参加しなければいけないのなら、それならぜひとも妻にも参加してもらいたい。

以上の情報から、妻と僕についてさまざまな選択肢を好ましい順に並べると、図2-3に示されたようになる。

このゲームのナッシュ均衡は何だろうか。まず、「誰も支度しない」を考えてみよう。これは二人どちらにとっても最悪の状態なので、ナッシュ均衡ではなさそうだ。そして確かに、妻が支度に参加しないなら、僕は支度に参加しないよりした方がいい。だから、「誰も支度しない」という状態は「妻も僕もお互いにベストな反応」をしているという条件を満たしていない（ちなみに妻も僕の行動に対してベストな反応をしていない）。

では「僕だけ支度する」という状態はどうだろうか。妻が支度に参加していないので僕は確かにベストな反応をしている。しかし妻としては、僕が支度に参加するとしても一緒に夕飯を作りたいと思っているわけだから、ベストな反応をできていない。だからこれもナッシュ均衡ではない。

「二人で支度する」はどうだろう。妻は確かにベストな反応をしている。僕が支度に参加しているならば、自分も支度に参加したいと思っているのだから。でも僕としては、妻が支度をしてくれるなら、それをいいことに支度をしない方を選びたい。つまり僕はベストな反応をできていないわけで、よってこれもまたナッシュ均衡ではない。

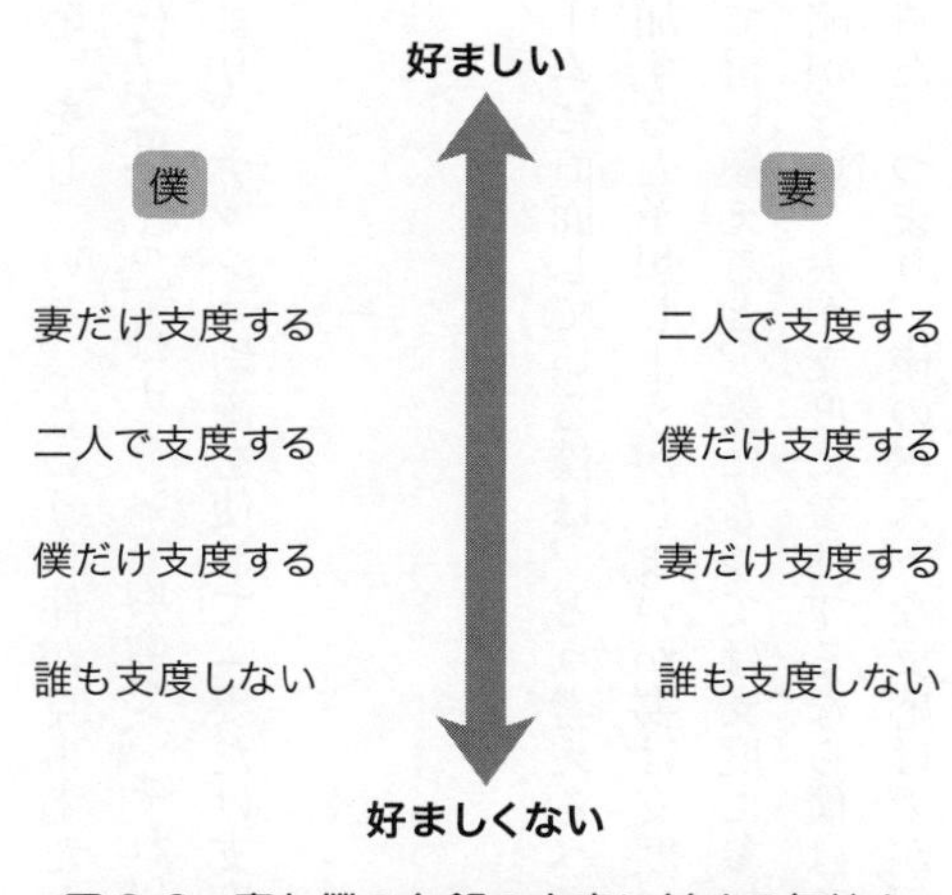

図 2-3　妻と僕の夕飯の支度に対する気持ち

最後に、「妻だけ支度する」はどうだろう。僕は妻が支度してくれるなら確かに支度に参加しない方がいいし、妻も僕がサボっているなら確かに支度した方がいい。というわけで「妻も僕もお互いにベストな反応」をしている、という条件が見事満たされている。

以上のことから、「妻だけ支度する」はナッシュ均衡で、それ以外の状態はナッシュ均衡でないことが分かった。つまり、ナッシュ均衡を使って「妻だけ支度する」という予測が得られたのだ。

妥当な予測方法?

ところで、この夕飯ゲームに直面している僕は、どう考えるべきだろうか。まず分かることは、僕が夕飯の支度に参加すると予想しようがしまいが妻は支度に参加するだろうということだ。先ほど定義した言葉で言い換えると、妻にとっては支度に参加するのが支配戦略なのである。一方、僕には支配戦略がない。妻が支度に参加するなら僕はそうしたくないし、妻が参加しないなら僕はしたいからだ。つまり、僕のベストな反応は妻が何をするかに依存するのである。でも、妻が支度に参加するのは分かっているわけだから、そうすると僕は支度に参加しない方がいいということが分かり、結局「支度に参加しなくていいや」ということになる。

このようにして予測にたどり着く手法を、**逐次消去**という。まず、妻が支度に参加しないという選択肢は支配されているので考えから消す。これが逐次消去の第一ステップだ。そこで、妻が支度に参加しないという戦略が消去された小さいゲームを考える。僕は支度に参加するのと参加しないのとの二つから選べるが、妻は参加するの一択、というゲームだ。このゲームにおいては、今度は僕にとって、支度に参加するという選択肢が支配されることが分かる。これが逐次消去の第二ステップだ。そういうわけで、二回にわたって支配される戦略を消去した結果、「妻だけ支度する」という状態のみが予測されうる可能性として残されるわけだ。

さて、この逐次消去を予測方法として使うにあたって、一つ注意がある。「妻は僕が何をすると予想しようが支度に参加する」と僕が考えうるには、妻が僕の行動に関わりなく支度に参加したいと思っていることを僕は知っていなければいけない、ということだ。たとえばもし妻が料理嫌いで夕飯の支度にはどうしても参加したくないと考えているかもしれなかったら、逐次消去の第一ステップが成り立たない。したがって、第二ステップにも進めない。こうした「相手がどの選択肢を好むかに関する知識」は、囚人のジレンマでは必要なかったことに注意されたい。ルパンは、はっきり言って次元の刑期がどう決まるかなど知る必要がないのだ。次元が何をしてこようが、自分としては白状しておいた方がいいのだから。

ただゲーム理論家界隈には、「逐次消去が意味をなすには、相手がどの選択肢を好むかなんて知らなくてもいい！」という向きもある。これは「ゲームにおける学習の理論」と呼ばれる理論に基づく考え方で、だいたい次のような理屈だ。

仮に、妻と僕は新婚だとしよう。お互いのことがまだよく分からず、夕飯の支度に参加すべきかしない方がいいか、はたまた相手が参加したいのかしたくないのか、分からないとする。そして毎晩毎晩、この夕飯ゲームを繰り返す。すると妻の方は、僕が夕飯の支度に参加しようがしまいが毎晩夕飯作りに参加するだろう。そして僕は、もし妻は料理が嫌いだと当初思っていたとしても、日を重ねるうちに妻はどうやら毎日夕飯の支度をしてくれるなと分かってきて、それならば、と、夕飯の支度に参加するのをやめるだろう。いったん「妻だけ支度する」という状態に落ち着けば、妻は行動を変える必要がないし、僕も行動を変える必要がない。だから、この「妻だけ支度する」という状態が毎日起きる。言い換えると、妻が料理好きかどうかを僕がもともと知らなかったとしても、そのうちナッシュ均衡の予測通りに僕らは行動するようになる、というわけだ。

以上、逐次消去によってナッシュ均衡を見つける方法、そして、逐次消去によって妻と僕がナッシュ均衡の予測通りに結局行動するのでナッシュ均衡が予測ツールとして有用だという例を紹介した。ちなみに、我が家では実際「妻だけ支度する」という状態が毎晩繰り広げられている。そして、僕の料理能力はゼロのままだ。だから、昨夏に妻と子どもたちが日本に僕より二週間ほど早く一時帰国することが決まった時は、これは本当に飢え死にしてしまうのではないかと思った。弁当約二〇食分を作り置きしておいてくれた妻に、大感謝である。

授業でゲーム

僕が授業でナッシュ均衡の有用性を説明する際には、必ず学生たちとあるゲームをする。こんなゲームだ。クラスの総勢五〇人ほどの学生に、紙切れを一枚ずつ配る。各学生はその紙切れに、自分の名前と、0から100までの数字を書く（小数を書いても良い）。ちなみに僕も参加する。書いた数字は他の誰にも見せずに、箱に入れてもらう。集まった紙切れをすべて箱から取り出して、書かれた数字の平均値を求める。そしてその平均値に0.7を掛け合わせて、その値を「目標値」と名付ける。目標値に一番近い数字を書いた学生の優勝だ。

たとえば、こんな感じだ。僕は紙切れに、「Sensei 7」とか「Sensei 17」とか書く（僕は学生に「Sensei（センセイ）」と呼ばれている）。集まった紙切れの数字の平均値が14だとすると、目標値は0.7を掛けた9.8だ。この場合、9.8に一番近い数字を書いた人が優勝する。

授業では優勝者に飴玉をあげるのだが、ここでは目標値と自分の書いた数字の差だけ罰金を払うとしよう。たとえば、僕が「Sensei 7」と書いていたならば罰金は9.8マイナス7で2.8ドルだし、「Sensei 17」と書いていたならば罰金は17マイナス9.8で7.2ドルだ。参加者は皆、自分の罰金支払額をできるだけ少なくしたいと思っているとする。

あと、非常に細かい注意点だが(なので細かいことを気にしない人はこの段落は読み飛ばしてもらって構わない)、たとえば目標値が12.264で僕が「Sensei 10」と書いた場合は罰金は2.264ドルだが、「お金の最小単位は0.01ドル(1セント)だからそんな額払えないじゃないか!」と言うあなたへ。ここではとりあえずそういう細かいことは気にしないで、0.004ドルも払えることにしよう。どうしても納得いかない人は、こういうふうに考えてほしい。もし僕が2.264ドル払わなくてはいけないことになったら、僕はまず2.26ドル払って、それから40パーセントの確率でもう1セント払う。そうすると、期待値としては2.264ドル払うことになる。

このゲームを「罰金ゲーム」と呼ぼう。この罰金ゲームのナッシュ均衡をこれから考えていくわけだが、その前にちょっとここで止まって、皆さんなら罰金ゲームでどんな数字を書くか考えてみてほしい。考えてほしいから、すぐにこのゲームのナッシュ均衡の解説をするのではなくて、ここで読者の皆さんにはいったんルール説明の例の図に飛んでもらおう。そこでどん

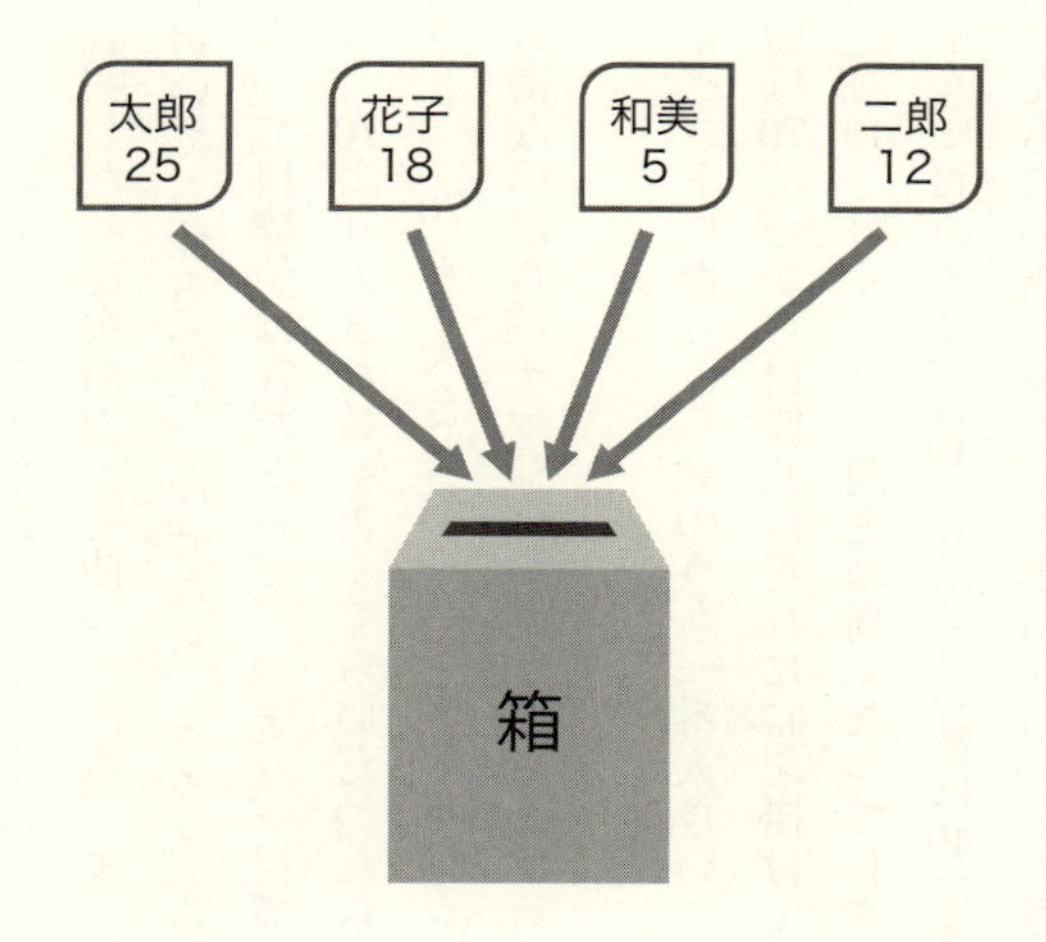

平均値：(25+18+5+12)÷4=15

目標値：15×0.7=10.5

太郎の罰金：25−10.5=14.5ドル
花子の罰金：18−10.5=7.5ドル
和美の罰金：10.5−5=5.5ドル
二郎の罰金：12−10.5=1.5ドル

図 2-4　罰金ゲームの例

な数字を書くか考えたら、また本文に戻ってみてほしい(図2-4にジャンプ)。

では、ページもめくったことだし、罰金ゲームのナッシュ均衡を考えてみよう。夕飯ゲームのところで説明した「逐次消去」を使ってみる。まず皆さんお分かりかもしれないが、70より大きな数を書いても仕方ない。なぜなら、クラス全員が最大の数の100と書いたところで、平均値は100、よって目標値は70だからだ。つまり、目標値はどう頑張ったって70より大きくならない。だから、70より大きな数を書くくらいだったら70と書いておいた方がいいのだ。これを小難しく言うと、「70より大きな数は70に支配される」となる。ナッシュ均衡では支配される戦略は使われ得ないから、ナッシュ均衡があるとすれば全員70以下の数を書いているということになる。

さて、いまベストになりうる数のうち一番大きいことが判明した70を全員が書いたとしよう。すると平均値は70、だから目標値はそれに0.7を掛けて、49となる。つまり、49より大きな数を書いても、絶対49と書くよりも罰金は高くなってしまうのだ。言い換えると、全員が70以下の数を書くゲームにおいては、「49より大きい数は49に支配される」というわけだ。

これで皆さんもこの後の話がどう進むか分かってきただろう。全員が49以下の数を書くなら、49に0.7を掛けた34.3より大きい数は書かない方がいい。この議論はいつまでも続いて、結局0より大きいどんな数も書かない方がいい、となる。だから残された可能性は、全員が0と書く、ということだ。
というわけで最後に、全員が0と書く場合のことを確認しよう。この場合、平均値は0で、0.7を掛けても0なので、全員罰金は0ドル。各人、他の数字を書いたら何らかの罰金を払うことになってしまう。だから、全員がベストな反応をしている、ということが分かる。これが、唯一のナッシュ均衡だ。

ナッシュ均衡なんて信用ならん！

ここで、先ほど「皆さんなら罰金ゲームでどんな数字を書くか考えてみてほしい」と僕が問いかけた時に、どう考えたかを思い出してほしい。「0と書く」と思いましたか？そう思わなかった人は、この逐次消去の説明を聞いて、「それなら0と書こう」と思いましたか？
僕が実際に授業でこのゲームをしてきた感触では、たまに本当に0と書く人はいるけれど、大多数の人は0とは書かないし、逐次消去の説明をした後も、「じゃあ0と書くべきだね！納得！」と言って学生たちが0と書くようになるわけでもない。ちなみに（逐次消去の理論をよくよく理解しているはずの）僕もこのゲームに参加するわけだが、絶対に0とは書かない。だいたい12とか18とか書くかな。それで、実際に優勝したこともある。

ちなみにこれは僕の授業に限ったことではない。同じようなゲームがいろいろな大学の学生やさまざまな職業、年齢、国籍の人相手に行われていて、それぞれの環境によって平均値に違いはあれど、全員0と書くなどということは起きないことが分かっている。これは僕の勝手な予測だが、逐次消去を十分に理解しているゲーム理論家を五〇人集めてきて罰金ゲームをやっても、全員が0と書いたりはしないのではないだろうか。

以上の結果を見て、皆さんは言うかもしれない。

「ナッシュ均衡の予測と、人が実際にすることと、全然違うじゃないか！ナッシュ均衡なんて信用ならん！！！」

これはおっしゃる通りだ。ナッシュ均衡は時として確かに信用ならない。でもゲーム理論家たちはそうした批判を真摯に受け止め、ではどういうときにナッシュ均衡は信用できて、どういうときに信用できないのか、もし信用できないならばどうやって予測をすればいいのか、ということについて頑張って考えてきた。そのような研究の詳細は「入門の入門」の域を超えるので本書では触れないが、本書で説明するナッシュ均衡に関する話はだいたい「ナッシュ均衡が信用できるケース」の話だと思ってもらって構わない。少し興味のある読者は、もし罰金が数字1の差あたり1ドルではなくて10万円だったとしたら紙に書く数字を変えたいと思うか、変えるとしたらどう変えるか、考えてみてほしい。

これでこの章は終わりだが、ここで一つ耳寄り情報。本書の一番最後にあるQRコードにアクセスしていただくと、各章末に載せたかったけれど紙面の都合上かなわなかった練習問題を見ることができる。各章を読んで十分に理解できたと思ったら、ぜひトライしてみてほしい。

第3章
複数均衡の問題
どのナッシュ均衡?!

第3章および第4章では，第2章のときのようにナッシュ均衡による予測が一筋縄ではいかない状況を考える．第3章で我々が直面する問題は，ナッシュ均衡が一つとは限らない，ということだ．キーボードのキー配置はなぜこうもめちゃくちゃなままなのか，関東のエスカレーターでは皆左に立つのに，なぜ関西では右に立つのか．まずは，年頃の男女二人が携帯電話の会社を選ぶ問題から，話を始める．

前章では、ナッシュ均衡を使ってゲームで何が起きるかの予測が立てられる例を見てきた。本章および次章では、一見そうもいかない例を紹介する。ナッシュ均衡での予測がうまくいかないかもしれない理由は、二つある。第一に、ナッシュ均衡は二つ以上あるかもしれないのだ。二つ予測があったら、困ってしまうこともあろう。たとえば、天気予報に二人予報士が出てきて、「明日の天気は晴れです」「明日の天気は雨です」とそれぞれ言ったら、結局傘を持っていくかどうか迷ってしまう。第二に、ナッシュ均衡が一つもない、なんてこともあるかもしれない。気象予報士が、「明日の天気は……」と言ったきり、天気予報の時間が終わってしまうという感じだ。これも具合が悪い。

この第一の問題を**複数均衡の問題**と呼び、第二の問題を**非存在の問題**と呼ぶ。本章および次章では、どんなときにこれらの問題が起きるのか、これらの問題があるときにはどのように予測を立てればいいのか、考えていく。本章では「複数均衡の問題」を扱う。

ラブジェネゲーム

僕は携帯電話が欲しかった。欲しくてたまらなかった。もう高校二年生。「みんな持ってるよ、僕にも買ってよ」と親に言うのだが、「みんなって誰よ、ええ?!」と言って相手にしてくれない。そこで僕はアンケートをとることにした。僕を除くクラス四九人全員に、携帯電話を持っているか聞いて回ったのだ。結果、四五人持っていた。この結果を携(たずさ)えて、「どや?!九〇%は持ってるんだ。買ってくれ!」と頼んだのだ。

親の説得に成功したのがこのアンケートのおかげかは忘れたが、晴れて携帯電話を買ってもらえることになった僕は、携帯電話の会社(キャリア)を選ばなければいけなかった。友人に聞くと、

「うちのクラスはドコモが多い。だからドコモにしておけ」

と言う。同じ携帯会社同士なら電話番号だけでメールのやり取りができる「ショートメール」というのがあるし、今の若者たちには考えられないかもしれないが、絵文字も同じ携帯会社内だけでしか使えない、ということのようだ。

「なるほどそういうもんか」と思った僕は、ドコモユーザーになった。

このように、他の人がある商品を使うときに自分に生じるご利益(りやく)(自分がドコモを使うことの嬉しさは他の人がドコモを使うとアップする)を、経済学では**正の外部性**と呼ぶ(ちなみに他の人が何かすると自分が困る場合は、その効果を**負の外部性**と呼ぶ。工場が生産性を上げようとして有害廃棄物を多量に出すと近隣住民が困る、というのが代表的な例だ)。正の外部性が

あるような状況では、足並みを揃えるということが重要になってくる。みんながドコモを使うなら自分もドコモを使おう、みんながａｕを使うなら自分もａｕを使おう、という具合だ。

今の若者たちには考えられないといえば、「家電」だろう。「カデン」ではなく、「イエデン」だ。昔は携帯電話がそこまで普及していなかったから、どんな電話も家にかかってきたのだ。だからたとえばあの伝説のドラマ〈ロングバケーション〉では、木村拓哉扮する瀬名君と山口智子扮する南ちゃんが家に電話がかかってきた時に「早く出なよ」と言い合うシーンがある。しかしその一年後のこれまた伝説のドラマ〈ラブジェネレーション〉では、木村拓哉扮する哲平君と松たか子扮する理子ちゃんは携帯電話で話している。ちょうど時代の変わり目だったのだ。

さてここで、会社の同僚、哲平と理子を考えよう。二人は実はお互いのことを好きなのだが、その気持ちを伝え合ってはいない。でも二人はお互いよく話すし、携帯電話を買ったらおそらく二人の間でのやり取りがかなりの割合を占めるだろうと思っている。

この二人はそれぞれ、今週末の年末セールで携帯電話を買うつもりだ。できればお互い同じ携帯会社にしたいと思っている。でも哲平は、

「おい理子、お前どこの携帯にすんの？ドコモ？ａｕ？」

なんて恥ずかしくて聞けないし、理子だって哲平にどの携帯会社にするかを尋ねたりできない。二人としては、どうせ二人の間でのメールのやり取りが多くなるので二人で同じ携帯会社にするのが良いのだが、もし同じ携帯会社にするのなら、二人ともドコモにする方が二人ともａｕにするよりいい。職場にはドコモユーザーの方が多いのだ。哲平も理子も、二人で携帯会社が違う場合は、自分がドコモユーザーでいる方がいいとする。

このゲームを「ラブジェネゲーム」と呼ぼう。図３‐１にその概要をまとめてみた。

哲平と理子のナッシュ均衡

このゲームのナッシュ均衡は何であろうか。まず、二人がドコモにするという幸せな結末は、二人にとって他のどの状態よりもいい。だから、いかにもナッシュ均衡になりそうだ。実際、哲平にとっては理子がドコモにしているならやはりドコモにするのがベストな反応だし、理子としても、哲平がドコモにしているならやはりドコモにするのがベストな反応だ。したがって、これは確かにナッシュ均衡だ。

これとほぼ同じ議論から、二人が違う携帯会社を選ぶのはナッシュ均衡にならないことが分かる。たとえば、「哲平がａｕで理子がドコモ」という状態はナッシュ均衡ではない。なぜかと

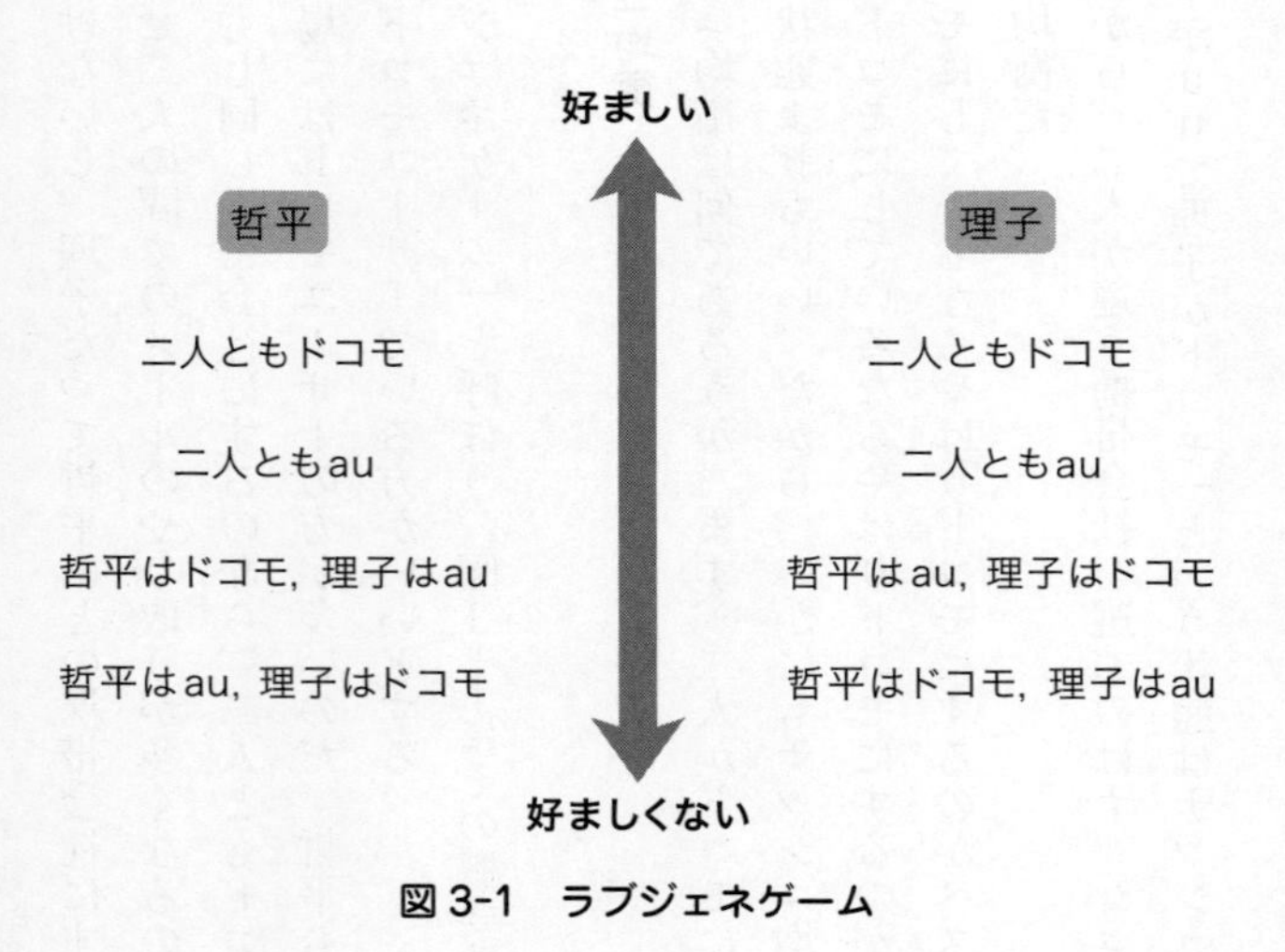

図 3-1　ラブジェネゲーム

いうと、先ほど確認したように、理子がドコモにしているなら、哲平としては自分もドコモにしておいた方がいいからだ(ちなみに理子の方でも、哲平がａｕにしているなら自分もａｕにしたいと思っているので、その意味でもこれはナッシュ均衡ではない)。同様に、「哲平がドコモで理子がａｕ」という状態もナッシュ均衡ではない。

最後に、残る「二人ともａｕ」はどうだろうか。この状態では、哲平としては理子がａｕだから自分もａｕにするのがベストな反応だし、理子としても哲平がａｕを買うのだから自分もａｕを買うのがベストな反応だ。よって、これもナッシュ均衡だ。

つまり、このゲームには二つのナッシュ均衡がある。理由は、哲平と理子は足並みを揃えた方がいいから、ということだ。しかしナッシュ均衡は、二人がドコモとａｕのどちらに足並みを揃えるかまでは予測してくれない。

ここで皆さんは思うかもしれない。「二人ともドコモ」は「二人ともａｕ」よりも二人にとって良いのだから、「二人ともドコモ」にすると予測していいのではないか？

これはなかなかいいポイントだが、この考え方の背後には、「二人ともドコモ」が「二人ともａｕ」よりも二人にとって良いということが各人がドコモを選ぶことを決定づける、という仮定がある。しかしラブジェネゲームのルールをよく思い出すと、各人にとって何がベストかは相手が何を選ぶかのみに依存するのである。お互いがお互いのことを「ａｕを選ぶ人」「ａｕを相手が選ぶと思っている人」「ａｕを自分が選ぶと相手が思っていると思っている人」……と思っていると、二人ともａｕを選んでしまうのだ。ちょっと残念な感じだが、これも至極妥当な予測なのだ。

ナッシュ均衡は予測に使えるか

さて、二つあるナッシュ均衡、これらは予測に使えるだろうか。「予測に使えない！」という説を二つ、「予測に使える！」という説を一つ、それぞれ述べておこう。

まず、予測に使えない第一の説。哲平と理子の行動はナッシュ均衡で表されるはず！でも二つ可能性があったら、どちらになるか分からない。これは二人の気象予報士に互いに矛盾する予報を聞かされているようなものだ。

予測に使えない第二の説。あなたが哲平だったとしよう。ナッシュ均衡は二つある。理子はどちらの携帯会社を選ぶかな。二人どちらにとってもいいドコモかな。いやでも、いつも俺たち残念な感じになるから、それを予想してａｕを選ぶかな。いくら考えても、全然分からん。

ここで、第一の理由はナッシュ均衡通りに二人が行動すると信じたとしてもどうなるか分からないという話で、第二の理由はそもそもナッシュ均衡通りに二人が行動するかさえ分からないという話だ、ということに注意されたい。

次に、予測に使える派の意見。これは前章の夕飯ゲームのところでも紹介した「ゲームにおける学習の理論」に基づく考え方だ。携帯電話を買うのはたまにしか起きないイベントだが、哲平と理子は似たような足並み揃えゲームに日々直面しているとする。たとえば昼食に社員食堂に行くタイミングを多数派と同じ正午からにするか、少しずらして一時からにするか。アフターファイブに共通の知人が多く行くクラブに行くか行かないか。営業部長に休暇中のお土産を買うか買わないか。などなど。このような足並み揃えゲームに日々直面するうちに、哲平も理子もお互いの行動パターンが分かってくるだろう。

最初は二人の足並みはちぐはぐかもしれない。しかしこれを繰り返すうちに、たとえば理子は「どうやら哲平はいつも多数派の方を選ぶな」とか「哲平はひねくれてるんだわ。いつも少数派の方を選ぶ」などと学んでいくかもしれない。哲平の方も理子の行動パターンを同様に学んでいく。そうこうするうちに二人の行動パターンが同じになってくる、ということになったとしても不思議ではない。どのような行動パターンに落ち着くかは分からないけれど、きっとほぼ毎日二人は足並みを揃えることに成功するだろう。これはまさにナッシュ均衡の予測である「どの携帯会社かは分からないが、二人は同じ携帯会社を選ぶ」とピッタリだ。そういうわけで、ナッシュ均衡は現実に起きそうなことをよく表している、と言える。

この「足並み揃えゲームを何度も繰り返す」という状況をよりよく理解するために、他の足並み揃えゲームの例を挙げてみよう。

キーボード配列とエスカレーター

皆さんは、「QWERTY配列」というのをご存知だろうか？「QWERTY」というのは、パソコンのキーボードの一番上の段のキーを左から六つ並べたものだ。普段我々が使うキーボードは、ほぼすべてこのなんだか特殊な並び方をしているQWERTY配列でできている。

キーボード打ちを習い始めた当初は、どこにどの文字があるかすぐ分からなくなって、なんでこんな変な並び順なんだ！と思ったりするわけだが、こんな並び順になった理由には諸説あるらしい。もっともらしい説にはたとえば、昔タイプライターで文字を打っていた時代、隣接する文字を打った時にタイプライターのアーム同士がぶつからないような配置にした、などというものがある（タイプライターのアームの衝突とはなんぞや、と思った若者諸君は、コントローラーのAボタンとBボタンを同時に押すとバグるゲーム機を想像してもらいたい。タイプライターとはだいたいそういうものだ)。

この説を信じるとすると、タイプライターを使わないのでアームの衝突を心配する必要もない現代、QWERTY配列にこだわる理由はないように思える。実際に、このQWERTY配列は唯一のキーボード配置ではなく、他にも種類がある。たとえば(ドボラックさんという人が開発した)「ドボラック配列」というのは、主に左手で母音、右手で子音をタイプすることで入力速度を上げられるようにデザインされている。

もし今日から急に世の中の自分以外のすべての人のパソコンのキーボードがドボラック配列に変わったならば、自分の子どもにはドボラック配列に慣れてもらった方がいいかもしれない。逆に、一から覚えるならドボラック配列の方が覚えやすくかつタイプスピードが速いとしても、皆がQWERTY配列に親しんでいる現状で、自分の子どもにドボラック配列のパソコンを買ってきて打ち方を教えるのもどうかと思う。そんなことをしても、我が子は他の子とパソコンで共同作業、なんてことができなくなってしまう。

この状況もだいたい、足並み揃えゲームと同じだ。もし全員がドボラック配列を使うならばそれが一番いいのだが、世の中のほぼ全員がQWERTY配列を使っている以上、自分もQWERTY配列を使った方がいい。もう少し詳しく言うと、毎日毎日世の中のごく少ないパーセントの人が新しいパソコンを買うわけだが、その時点で世の中全体がＱＷＥＲＴＹ配列を使っているので、これらのパソコン新規購入者としては「じゃあＱＷＥＲＴＹ配列のキーボードを買おうか」となる。というわけで、いつまでたっても世の中全体がＱＷＥＲＴＹ配列を使っているという状態から抜け出せないのである。ちょうど、哲平と理子がａｕを選ぶナッシュ均衡が実現したようなものだ。

足並み揃えゲームの例として他によく挙がるのは、東京と大阪のエスカレーターだ。東京ではだいたい立つ人は左側で歩く人は右側なのだが、大阪では立つ人は右側で歩く人は左側である。

これは、それぞれ異なるナッシュ均衡が実現した例と考えられる。東京では、皆が「左立右歩」ルールに乗っ取っているものだから、一人だけ右に立ってみたりして文句を言われたり、一人だけ左を歩こうとして人にぶつかりまくったりしてしまっても、具合が良くない。だから、皆が「左立右歩」に従っている以上、自分も「左立右歩」に従おうというわけだ。それで、なぜ「皆」が「左立右歩」に従っているかというと、これまた皆が「左立右歩」に従っているからなのだ。

同様に大阪では、皆が「左歩右立」ルールに乗っ取っているものだから、一人だけ左に立っ

図 3-2　東京(渋谷)のエスカレーター(福吉隆行氏撮影)

図 3-3　大阪(梅田)のエスカレーター(笹尾真史氏撮影)

てみたりしてどやされたり、一人だけ右を歩こうとして人にぶつかりまくったり、どちらもこれまた具合がよくない。だから、皆が「左歩右立」に従っている以上、自分も「左歩右立」に従おうというわけだ。それで、なぜ「皆」が「左歩右立」に従っているかというと、これまた皆が「左歩右立」に従っているからなのだ。

では、結局なぜ東京と大阪で違うところに立つことになったのか。これには何かしらの歴史的理由があるのだろう。しかしそれは、今考えているような各人がただ単に右か左かを選ぶゲームでは捉えきれていない点だ。これはちょうど、ただ単にQWERTY配列かドボラック配列かを選ぶだけのゲームがタイプライターのアームの事情を捉えきれていなかったり、ラブジエネゲームが哲平と理子がどういういきさつで二人とも少数派を選ぶようになったのかを捉えきれていなかったりするのと、同様な理由なのである。

第4章
非存在の問題
ナッシュ均衡がない?!

第4章では，ナッシュ均衡がいくら探しても見つからないケースを考える．身近なじゃんけんの例を使って，そのようなケースでどのように予測を立てたらいいかを学ぶ．ここで披露される予測手法は，サッカーのPKでキッカーがどちらに蹴ったらいいかという問題，さらには選挙戦で候補者たちがどのような政策をマニフェストとして発表するかという問題にも応用される．

前章の冒頭でナッシュ均衡を使った予測に関して二つの問題を挙げた。そのうち、一つ目の「複数均衡の問題」については前章で理解を深めた。本章では、二つ目の「非存在の問題」について考えたい。

じゃんけんのナッシュ均衡

非存在の問題を考えるにあたって、マリコ様と藤江れいなのじゃんけんの問題を思い出してもらいたい。正確に状況を記述するために、以下の二つのことを仮定しよう。

第一に、二人は勝ちか負けかだけにこだわるとする。特に、「グーで勝つ方がチョキで勝つより嬉しい」などということはないとする。

第二に、もしあいこの場合、その後の勝率はそれぞれ50%とする。本来この勝率は、あいこの後に繰り返されるじゃんけんで何が起きるかをきちんと予測して解いた結果の数値であるべきなのだが、ここでは簡単のため、50%だとする。

以上の仮定のもと、じゃんけんゲームのナッシュ均衡を考えてみよう。まず、マリコ様がグーを出しているようなナッシュ均衡はあるだろうか。もしあれば、藤江れいなはこれに対してベストな反応をしていなければいけないから、パーを出しているはずである。しかし、もし藤江れいながパーを出しているならマリコ様にとってはグーを出すのはベストな反応ではない。つまり、マリコ様がグーを出しているようなナッシュ均衡はない、ということになる。

同様に、マリコ様がチョキを出すようなナッシュ均衡もない。念のためロジックを追っていこう。仮にそんなナッシュ均衡があったとする。すると、藤江れいなはマリコ様のチョキに対してベストな反応をしていなければいけないから、グーを出しているはずである。しかし、もし藤江れいながグーを出しているならマリコ様にとってはチョキを出すのはベストな反応ではない。つまり、マリコ様がチョキを出しているようなナッシュ均衡はない。

まったく同様にして、マリコ様がパーを出すようなナッシュ均衡もないということが分かる(自分でロジックを追ってみよう！)。

つまり、じゃんけんゲームには、ナッシュ均衡は存在しないのだ！

存在しないというのは、結構困る。前章の冒頭の例のように、気象予報士が「明日の天気は……」と言ったきり天気予報の時間が終わってしまうという按配(あんばい)だ。それにこれでは、社会状況を予測するツールとしてナッシュ均衡が役に立つとは言い難い。「あるときには予測を出せますが、他のときのことは知りません」と言うのであれば、その「他のとき」にはナッシュ均衡ではない別の予測法を使うことになる。これは、問題ごとに予測法を変えることを意味する。

そんなことをしていたら、複数のゲームでの予測を比較して共通点や違いを議論する、ということが意味をなさなくなってしまう。これでは、社会の本質は見えてこない。

そこで、今までナッシュ均衡だと思っていた状態はやはりナッシュ均衡だけれども、他の状態もナッシュ均衡だと思えるようにナッシュ均衡の定義を変えることで、どんな問題が出てきてもナッシュ均衡が存在するようにしよう。

少々ややこしいことを言ったが、すぐに意味が分かるので、ややこしいなと思った読者は気にしないでいただきたい。とにかく今から、前のと似ているのだけれど新しいナッシュ均衡の定義についてお話しする。

ところで、これをお話しする前に一つ注意点がある。本章におけるこれ以降の解説では、確率の計算を避けて通れない。少々の確率計算は大丈夫というあなたはぜひ読み進めてほしいが、もし確率計算にアレルギーがある方がいても、そこでこの本を本棚にしまってほしくはない。本章でここ以降に書いてあることを知らなくても第5章からはまた難なく読み進められるはずなので、もし「これはちょっと難しいな」と思ったら、ぜひ89ページの第5章までジャンプしてほしい。

と言って脅したが、大した確率計算は出てこない。次の問題を解ければ、本章の残りも大丈夫だろう。

問題　淳君は雅功君が明日の仕事に来るかを考えています。雅功君は機嫌が良い時だけ仕事に来ます。晴れていれば雅功君は80％の確率で機嫌が良いのですが、20％の確率で機嫌が悪いです。雨ならば、機嫌が良いのは30％、そして70％の確率で機嫌が悪いです。明日の天気予報は「晴れ40％、雨60％」です。雅功君が仕事にくる確率は、何％でしょうか？

答え　空が晴れてかつ雅功君の機嫌が良い確率は、0.4×0.8＝0.32、雨が降ってかつ雅功君の機嫌が良い確率は0.6×0.3＝0.18。だから、機嫌が良い確率は0.32＋0.18＝0.5。よって、雅功君が仕事にくる確率は50％、つまり五分五分、となる。

新しいナッシュ均衡の定義

では、新しいナッシュ均衡の定義を理解するために、皆さんならじゃんけんについてどういう予測を立てるかを考えてみてもらいたい。マリコ様と藤江れいなが出てきて、今からじゃんけんをします。どちらが勝つと思いますか？

（じゃんけん大会にやらせはないと仮定して、）まあ50％でしょう。つまり、どちらが勝つかは、ランダムに決まるわけだ。では、なぜランダムか。それは、要は、マリコ様がグーを出すかチョキを出すかパーを出すかがランダムで、藤江れいながグーを出すかチョキを出すかパーを出すかもランダムだからだ。

「ランダム」と言っても、本当に何も分からないだろうか？グーチョキパーのそれぞれに確率を割り振るとしたら、どんな確率を割り振るだろうか。

「グーが80％、チョキとパーは10％ずつ！」

なんて思いますか？おそらく大体の人は、

「グーチョキパー、それぞれ33.3％ずつ」

と思うのではなかろうか（本当は33.333…だが、簡単のため単に33.3と書くことにする）。これはまともそうな予測だ。もしかしたら、よくよく考えれば、藤江れいなやマリコ様がそれぞれの手に割り振る確率をきっちり予測できるかもしれない。そこで、次のように考えてみよう。

マリコ様は、「グーチョキパーの三つの中から一つを選ぶ」という意思決定問題に直面しているのではなく、「グーチョキパーの三つそれぞれに確率を割り振る」という意思決定問題に直面しているとする。藤江れいなも同様に、「グーチョキパーの三つそれぞれに確率を割り振る」という意思決定問題に直面しているとする。そして、藤江れいなの割り振った確率に対してマリコ様の割り振った確率はベストな反応になっている（勝率を最大化している）し、マリコ様の割り振った確率に対して藤江れいなの割り振った確率はベストな反応になっている（勝率を最大化している）状態を、ナッシュ均衡と呼ぶことにしよう。これが、新しいナッシュ均衡の定義だ。

じゃんけんを科学する

さて、今まで我々が確認したことは、藤江れいながグーチョキパーのどれかに100％の確率を割り振る（つまり他の手は0％）ようなナッシュ均衡はない、ということである。これから話すことは、割り振る確率が100％か0％に限らないとすれば実はナッシュ均衡はある、ということだ。

そこでまず、ナッシュ均衡において藤江れいなが二つの手にしか確率を割り振らないということはあるかを考えてみよう。たとえば、グーとチョキには確率を割り振るが、パーを出す確率はゼロ。この場合、藤江れいながグーとチョキのどちらを出しても、マリコ様としてはグーを出す方がチョキを出すより良い。だから、マリコ様がチョキを出す確率はゼロだろう。しかしそうだとすると、マリコ様はパーとグー(か、そのどちらか)にのみ確率を割り振ることになるが、そのどちらを出しても、藤江れいなとしてはパーを出す方がグーを出すより良い。だから、藤江れいなはグーに確率ゼロを割り振っていなければならない。これは、藤江れいなは「グーとチョキには確率を割り振る」とした最初の仮定に矛盾だ。

これと全く同じ議論により、ナッシュ均衡では藤江れいなは、「グーに確率ゼロ」も「チョキに確率ゼロ」も選べ得ないといえる。よって、ナッシュ均衡があれば、藤江れいなは「グーもチョキもパーも0%より高い確率で出している」はずだ。これは、藤江れいなとしてはグーを出してもチョキを出してもパーを出しても同じ勝率になっていなくてはいけない、ということを意味する。さもなくば、最も勝率の低い手には確率ゼロを割り振った方が良くなるからだ。

では、藤江れいなをそんな状況に陥らせるマリコ様の戦略とは何だろうか。これを考えるために、藤江れいながグーからチョキに作戦変更したとしよう。その場合の分析をしたのが、図4-1である。これによると、マリコ様がパーを出す場合は勝率が100%アップ、その他の場合は50%ダウン(マリコ様がグーの場合は50%から0%にダウン、マリコ様がチョキの場合は100%から50%にダウン)、となる。なので、藤江れいながグーからチョキに変えたときに勝率がアップもダウンもしないようにするには、マリコ様がパーを出す確率の2倍がちょうど、

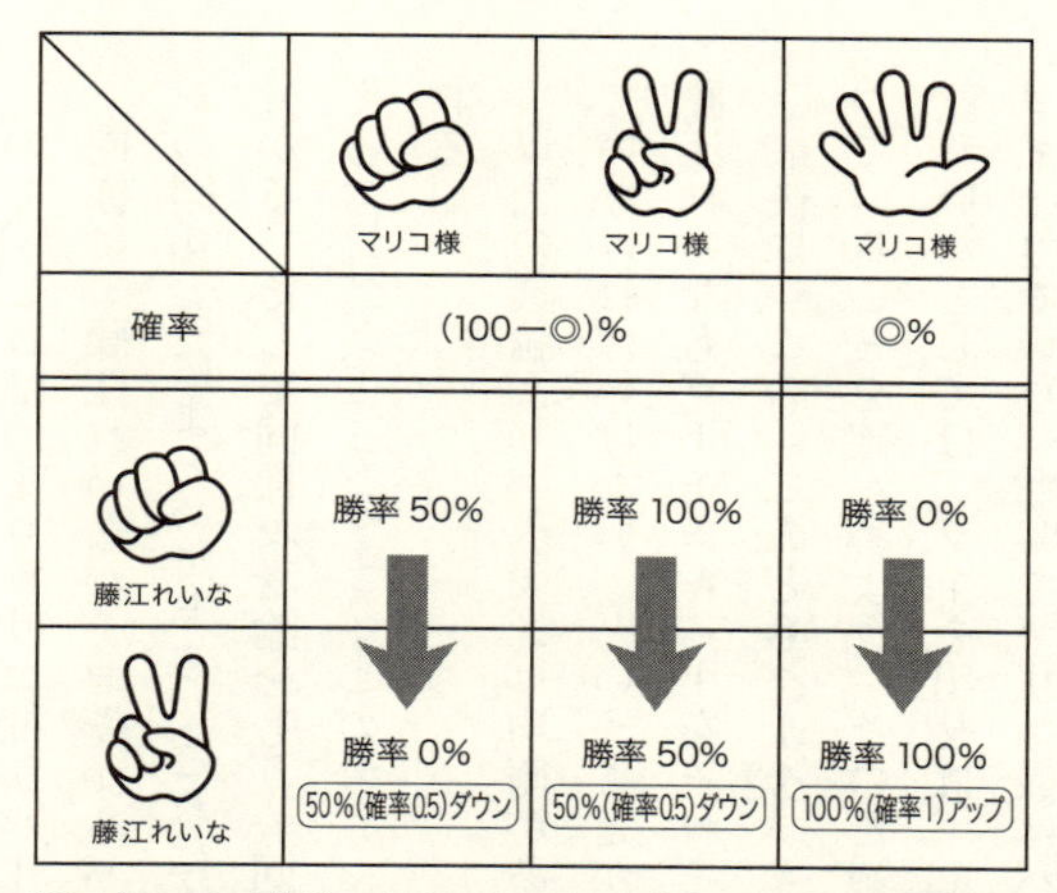

図 4-1　藤江れいながグーからチョキに変えても勝率が変わらないためには，マリコ様はパーを何％の確率で出せばいいか？ 藤江れいながグーからチョキに変えてアップする勝率は，◎％×1－(100－◎)％×0.5．これがゼロにならなければいけないので，◎＝33.3 と分かる

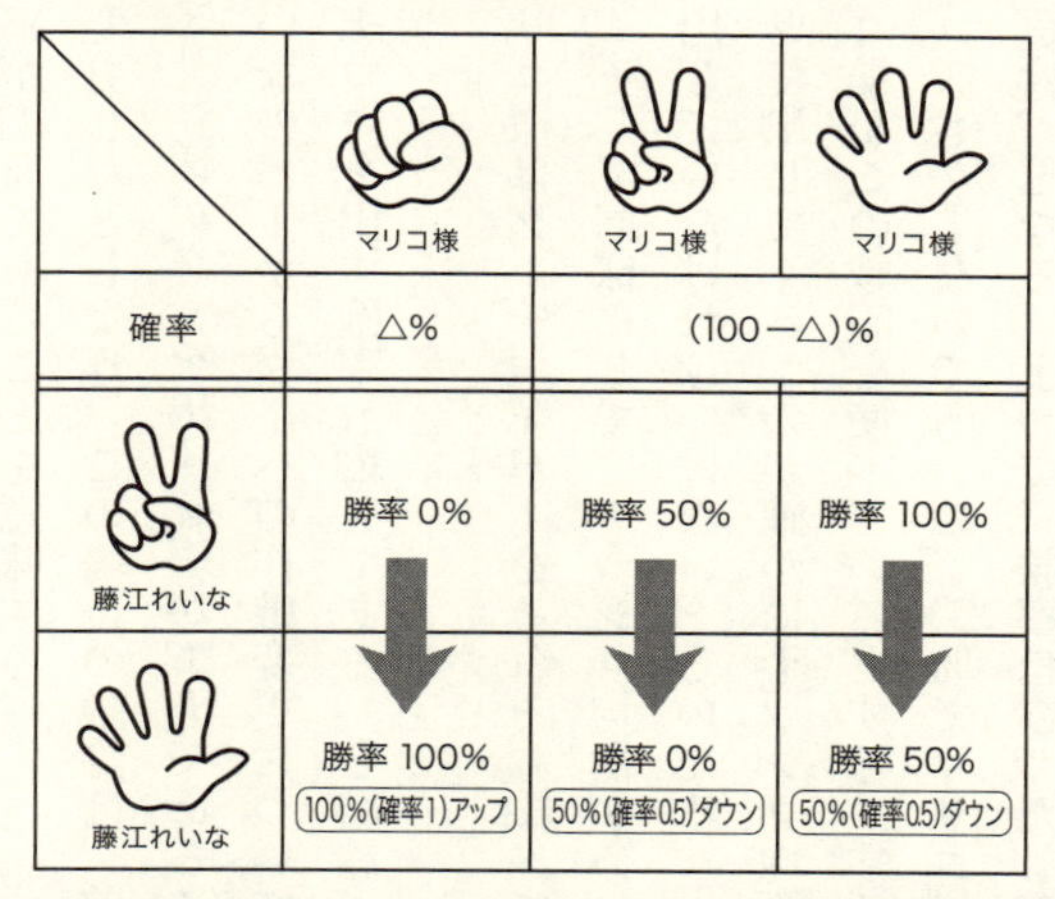

図 4-2　藤江れいながチョキからパーに変えても勝率が変わらないためには，マリコ様はグーを何％の確率で出せばいいか？ 藤江れいながチョキからパーに変えてアップする勝率は，△％×1－(100－△)％×0.5．これがゼロにならなければいけないので，△＝33.3 と分かる

パーを出さない確率と同じになっているべきである。確率は全部で100％にならなければいけないので、これはつまりマリコ様がパーを出す確率が33.3％であることを意味する。

同様に、藤江れいながチョキからパーに作戦変更したとしよう。この場合の議論は、前ページの図4-2にまとめてある。これによると、マリコ様がグーを出す確率が33.3％であることが分かる。そして同様な議論をもう一回、藤江れいなのパーからグーへの作戦変更についても使える(自分でやってみよう!)ので、マリコ様がチョキを出す確率も33.3％である、と結論づけられる。

以上の議論より、ナッシュ均衡があれば、マリコ様はグーチョキパーをそれぞれ33.3％で出していなければいけない、ということが分かった。そして同様にして、ナッシュ均衡があれば、藤江れいなもグーチョキパーをそれぞれ33.3％で出していなければいけない、といえる。

最後に、この「二人ともグーチョキパーを33.3％で出してくる」のが確かにナッシュ均衡になっていることを確かめよう。そのために、マリコ様がこの戦略を使っているとする。すると藤江れいなとしては、グーを出せば、33.3％でマリコ様もグーなのであいこ、33.3％でマリコ様はチョキなので勝ち、33.3％でマリコ様はパーなので負け、となる。よって、勝率はぴったし50％だ。同様に、藤江れいなはチョキを出すと、33.3％でマリコ様はグーなので負け、33.3％でマリコ様もチョキなのであいこ、33.3%でマリコ様はパーなので勝ち、となる。また、勝率はぴったし50%だ。最後に、藤江れいながパーを出した場合も同様に勝率50%になると確かめられる。

つまり、藤江れいなとしては、グーチョキパーのどれを出しても勝率50%で変わらない。したがって、それらのどれをどんな確率で出してもやっぱり勝率は50%というわけだ。

結局、藤江れいなとしては何を出しても勝率が変わらないので、「グーチョキパーをそれぞれ33.3%で出す」という戦略は一つのベストな反応である、と結論づけることができる。そして同様に、マリコ様にとっても、藤江れいなが「グーチョキパーをそれぞれ33.3%で出す」ならば、自分も「グーチョキパーをそれぞれ33.3%で出す」のが一つのベストな反応になっていると確かめられる。

こうして我々は、じゃんけんゲームにはナッシュ均衡が確かに存在し、しかも一つしかない、そのナッシュ均衡とは、二人ともが「グーチョキパーをそれぞれ33.3%で出す」という戦略を使うというものだ、ということを確認できたのである。ちなみに、このナッシュ均衡においての勝率は、先ほども確認した通り、二人ともちょうど50%である。

「分からない」の意味

この結果は結局、我々に何を教えてくれているのだろう。結果だけ見ると、「結局二人がどんな手を出してくるか分からないし、どちらが勝つかも分からない」ということになっている。でも、実は我々は、ただ単に「分からない」と言うよりはもう少し高尚な予測をしている。なぜかというと、我々は「分からない」の意味をはっきりさせたからだ。我々の予測は、「どの手も等確率で出てくる」ということと、「勝率は50％しかありえない」ということだ。

ここで気づいていただきたいのは、マリコ様と藤江れいなでどちらの方がじゃんけんで勝ったときに嬉しいか、ということは予測と一切関係ない、ということだ。マリコ様はじゃんけん大会の時に既にかなりの売れっ子だったが、藤江れいなはマリコ様ほどではなかった(と思う。僕はこのじゃんけんゲームの例を書くにあたって調べてみて、初めて彼女のことを知った)。もしかしたら、藤江れいなの方が勝つことによる喜びは大きかったかもしれない。しかし、そんなことは我々の予測には関係ない、ということが、分析により分かったのである。これが、第1章の初めにじゃんけんについて触れた際に述べた、

「じゃんけんに勝つ方法なんてないと証明できる」

ということの真の意味なのである。

ナッシュが証明したこと

さて、本章冒頭の議論を思い出そう。我々は、じゃんけんにナッシュ均衡がないから困っていた。じゃんけんゲームの例で分かったことは、意思決定者(マリコ様や藤江れいな)がグーチョキパーのどれかを100%の確率で選ぶという戦略に限定して考えるのではなく、その三つの手に確率を割り振るというような状況を考えれば、ナッシュ均衡が存在するということだ。

実はこのポイントはじゃんけんゲームに限らずさまざまなゲームで成り立つことが知られている。そして、この「ナッシュ均衡はさまざまなゲームで存在する」ということを証明したのが、一九五〇年のナッシュの革新的な論文なのである。

「さまざまな」と書いたが、ナッシュ均衡がないようなゲームの例もある。しかしそれは、「意思決定者が無限人いる」や、「取れる手数が無限個ある人がいる」といったちょっと特殊に見える場合でしかない。天才ジョン・ナッシュは、「有限人の意思決定者がいて、取れる手数が各人有限個なときは、ナッシュ均衡が必ず存在する」ということを証明したのである。

最後に、ナッシュの一九五〇年の論文の雰囲気を伝えるべく、その論文を載せておこう(次ページ)。これはなんと、たったの一ページ分で終わっている論文なのである。一ページの論

EQUILIBRIUM POINTS IN N-PERSON GAMES

BY JOHN F. NASH, JR.*

PRINCETON UNIVERSITY

Communicated by S. Lefschetz, November 16, 1949

One may define a concept of an n-person game in which each player has a finite set of pure strategies and in which a definite set of payments to the n players corresponds to each n-tuple of pure strategies, one strategy being taken for each player. For mixed strategies, which are probability distributions over the pure strategies, the pay-off functions are the expectations of the players, thus becoming polylinear forms in the probabilities with which the various players play their various pure strategies.

Any n-tuple of strategies, one for each player, may be regarded as a point in the product space obtained by multiplying the n strategy spaces of the players. One such n-tuple counters another if the strategy of each player in the countering n-tuple yields the highest obtainable expectation for its player against the $n - 1$ strategies of the other players in the countered n-tuple. A self-countering n-tuple is called an equilibrium point.

The correspondence of each n-tuple with its set of countering n-tuples gives a one-to-many mapping of the product space into itself. From the definition of countering we see that the set of countering points of a point is convex. By using the continuity of the pay-off functions we see that the graph of the mapping is closed. The closedness is equivalent to saying: if $P_1, P_2, \ldots$ and $Q_1, Q_2, \ldots, Q_n, \ldots$ are sequences of points in the product space where $Q_n \rightarrow Q$, $P_n \rightarrow P$ and Q_n counters P_n then Q counters P.

Since the graph is closed and since the image of each point under the mapping is convex, we infer from Kakutani's theorem[1] that the mapping has a fixed point (i.e., point contained in its image). Hence there is an equilibrium point.

In the two-person zero-sum case the "main theorem"[2] and the existence of an equilibrium point are equivalent. In this case any two equilibrium points lead to the same expectations for the players, but this need not occur in general.

* The author is indebted to Dr. David Gale for suggesting the use of Kakutani's theorem to simplify the proof and to the A. E. C. for financial support.

1 Kakutani, S., *Duke Math. J.*, **8**, 457–459 (1941).

2 Von Neumann, J., and Morgenstern, O., *The Theory of Games and Economic Behaviour*, Chap. 3, Princeton University Press, Princeton, 1947.

図 4-3 ナッシュが世界を変えた論文の全貌 (*Proceedings of the National Academy of Sciences*, 36, pp. 48-49 より抜粋)

文というのはものすごく短い。今日の経済理論家がまともな論文を書くと、大体の場合どんなに少なくとも三〇ページは超え、時には一〇〇ページになったりもする。多くの紙面を割いて、いかに自分の理論が有用かを唱えるのだ。それでも、出版に漕ぎつけるのには毎度かなり手こずる。そこへ来て（時代が違うとは言え）一ページで世界を変えたナッシュには、驚嘆せざるをえない。

ちなみに、ナッシュ均衡が存在することの証明には日本人数学者の角谷静夫氏が発明した「不動点定理」というものが使われていて、論文中最後の方にも「Kakutani's theorem（角谷の定理）」と書いてある。ナッシュ均衡の存在定理の話を同僚とするたびに、同じ日本人として僕も少し誇らしい気分になるものだ。

ＰＫも科学する

じゃんけんゲームのナッシュ均衡では、マリコ様は「グーチョキパーをそれぞれ33.3％で出す」ということが分かった。この結論は、70ページにおいて「藤江れいなとしてはグーを出してもチョキを出してもパーを出しても同じ勝率になっていなくてはいけない（中略）では、藤江れいなをそんな状況に陥らせるマリコ様の戦略とは何だろうか」と論じたことに基づいて得られた。そして、このマリコ様の戦略は確かに藤江れいなの戦略に対してベストな反応なのであるが、実はマリコ様は何をどんな確率で出すのもベストな反応であるということを思い出していただきたい。「グーチョキパーをそれぞれ33.3%で出す」というのは無数にあるベストな反応のうちの一つでしかないのだ。つまり、ナッシュ均衡においてマリコ様がそれぞれの手に割り振る確率は、マリコ様が積極的に「それぞれ33.3%がいい！」と思ったから決まるというよりは、藤江れいなを何を出しても変わらないという状況に置くために選ばれたのだ。

これはなんだか気持ちが悪い。マリコ様のすること(グーチョキパーにどういった確率を割り振るか)はマリコ様が選ぶものなのに、それは実は藤江れいなが勝率を上げようとする問題にのみ依存しているように見えるからだ。

ナッシュ均衡では確率の割り振り方がこのように決まるが、実際我々の住む現実世界において人々が割り振る確率は、確かにそうなっているのだろうか。この点を調べるために、シカゴ大学のチアポーリ氏およびレヴィット氏、さらにスタンフォード大学のグロセクロース氏は、フランスとイタリアのプロサッカーにおけるPK戦を三年分にわたってビデオでチェックし(計四五九キック！)、キッカーがボールを蹴る方向(左か、真ん中か、右か)およびキーパーがジャンプする方向(左か、真ん中か、右か)を丹念に調べ上げた(ボールが飛ぶスピードは十分速いので、キーパーはジャンプする方向を予め決めておかなければいけない、よって、状況はじゃんけんのように二人が同時に戦略を決める問題だと思えることに注意)。

その結果、キーパーがそれぞれの方向にジャンプする回数のデータは、「キッカーはどの方向に蹴っても同じ確率で得点できる」という理論の予測と整合的であることが発見された(各キッカーの特徴、たとえば利き足などに依存してキックの精度やスピードが左右どちらに蹴るかで変わるので、得点確率が同じだからといってキーパーのジャンプ確率が左右等確率になっているわけではないことに注意)。藤江れいなをキッカー、マリコ様をキーパーだと思うと、マリコ様がジャンプする方向に割り振る確率は、藤江れいながどの方向に蹴ってもちょうど同じ確率で得点できるようになっているのだ。

同様に、キッカーがそれぞれの方向にボールを蹴る回数のデータは、「キーパーは左右どちらにジャンプしても同じ確率で得点を防げる」という理論の予測と整合的であることも、論文は発見した。藤江れいながボールを蹴る方向に割り振る確率は、マリコ様がどの方向にジャンプしてもちょうど同じ確率で得点を防げるようになっているのだ。

サッカー選手が学習する

このように、実際にゲームで人々が割り振る確率はナッシュ均衡の予測通りになっているようだ。ちょっと不思議だが、夕飯ゲームやラブジェネゲームで紹介した「ゲームにおける学習の理論」の考え方に沿って考えると、なるほどと思ってもらえるかもしれない。サッカー選手たちはＰＫを何度も経験している。そうやって何度も繰り返した後の状態（これを「状態Ａ」と呼ぼう）でもし「どうやら右に蹴った方が入る確率が高そうだ」となったらキッカーたちは右ばかりに蹴るだろうし、もしそうなったらキーパーもそちらばかりにジャンプするようになるだろう。すると、状態Ａからは違う状態に移行してしまう。つまり、状態Ａを我々が長い期間にわたって観察するということはできなくなる。言い換えると、仮にある状態が長い期間観察されているならば、その状態においてはどちらに蹴っても得点できる確率は同じでなければいけない。そのような状態が、ナッシュ均衡なのである。

ここで注意してほしいのは、この「ゲームにおける学習の理論」によるナッシュ均衡の正当化は、「仮にある状態が長い期間観察されているならば」それがナッシュ均衡だと主張しているだけであって、「そもそもどうやったらその状態にたどり着けるか」については一言も言っていない、ということだ。この意味では、「ゲームにおける学習の理論」に依拠してナッシュ均衡を予測として使うことは憚（はばか）られるかもしれない。しかし、この理論上の弱点を補うべく「ゲームにおける学習の理論」は発展してきた。その弱点補強がどのようになされるかについては本書の範囲を超えるので語ることはできないが、それがゲーム理論家たちが何十年にもわたり鎬（しのぎ）を削ってきたトピックのうちの一つであるということだけは伝えておく。

カリスマ候補者vs.平凡候補者

じゃんけんもＰＫもとても重要な社会活動だ。子ども時代の、無視できない割合のことはじゃんけんで決まる。すべての人間が子ども時代を経験することを考えると、これはなかなか重要な問題だ。ＰＫは世界で最も競技人口の多いサッカーにおいて試合を決定づける役割を持つ。これも重要な問題だ。

とは言えやはり、じゃんけんとＰＫでしか「非存在の問題」を語れないのなら、「まあそういう問題があっても、いいんじゃやない？」と思うかもしれない。というわけで、もう少し重要そうな例を挙げたいと思う。

政治家が選挙戦でどんなマニフェストを出すか、について考えてみる。簡単のため、政策は王道と外道の二通りだけあるとする。投票所にくる有権者のうち王道政策を好む人が多い確率が60％、外道政策を好む人が多い確率が40％。候補者は二人いる。そのそれぞれが、できるだけ当選確率を上げるべく、二つの政策のうち一つをマニフェストとして発表する。

二候補者はそのカリスマ性が異なる。うち一人にはカリスマ性があり、もしカリスマ候補者と平凡候補者が同じ政策を打ち出したならば、有権者全員がカリスマ候補者に投票し、カリスマ候補者が勝つとしよう。ただし、カリスマ性はそこまで高くはなく、もし二人の政策が違うならば、各有権者は自分の好きな政策を唱えている候補者に投票するとする。つまり、もしカリスマ候補者が王道政策を唱え、平凡候補者が外道政策を唱えたならば、カリスマ候補者は60%の確率で勝つ。逆に、カリスマ候補者が外道政策を唱え、平凡候補者が王道政策を唱えたならば、カリスマ候補者は40%の確率でしか勝てないのだ。

これを「政策決定ゲーム」と呼ぶことにする。

このような候補者間の違いが実際の選挙でも存在することは容易に想像がつくだろう。たとえば小泉純一郎元首相はカリスマ性の高い候補者で、その演説で人々を引き込む能力があった。オバマ前大統領もその一例だろう。

今考えている問題により近い例だと、二〇一四年の東京都知事選において、舛添要一氏も細川護熙氏も当初は原発問題についてはっきりした見解を示していなかったが、二人とも原発反対の姿勢をとったところ、舛添氏が当選した。舛添氏にカリスマ性があったかどうかはおいて

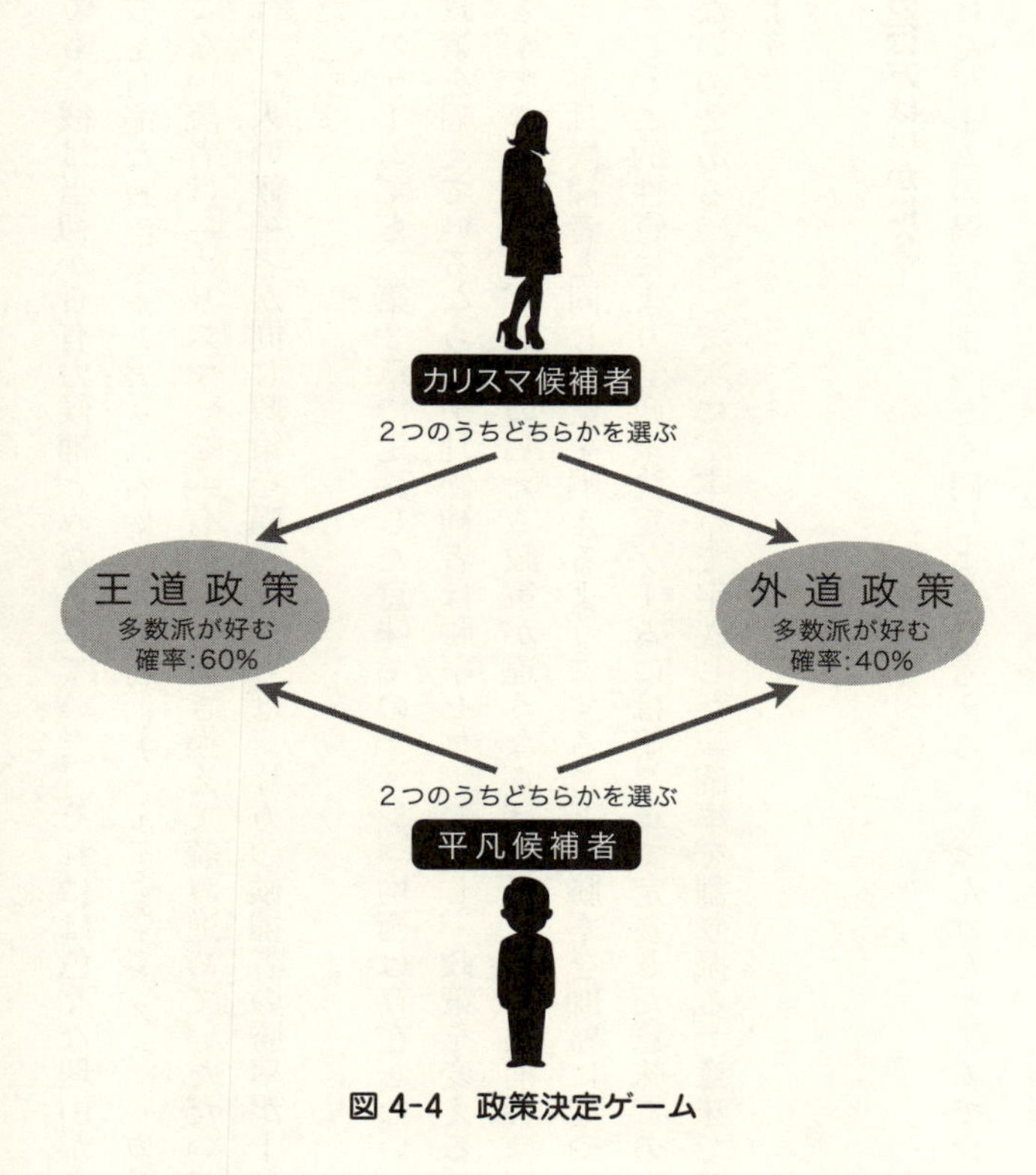
カリスマ候補者
2つのうちどちらかを選ぶ
王道政策
多数派が好む
確率:60%
外道政策
多数派が好む
確率:40%
2つのうちどちらかを選ぶ
平凡候補者

図4-4　政策決定ゲーム

おくとしても、彼は当初から有力候補とみなされていた。それには色々な理由があるだろうが、一つには彼を有能な政治家だと考える有権者が多数いたこともあるだろう。「カリスマ性」にしっくりこない読者は「カリスマ」を「有能」に置き換えて読み進めていただいても構わない。重要なのは、二人の候補者が同じ政策を唱えたならば、片方の候補者の勝率が十分高いということなのだ。

さて、このゲームでも、第2章で定義した意味でのナッシュ均衡は存在しない。もし二候補者が同じ政策を唱えているならば平凡候補者は勝率ゼロ。しかし、政策を変えることで勝率を増やすことができる。一方、二人の唱える政策が違うならば、カリスマ候補者は現状勝率が100%未満だが、平凡候補者と同じ政策を唱えるようにすることで勝率を100%に増やせる。このようなイタチごっこ的性質により、政策決定ゲームには第2章で定義した意味でのナッシュ均衡は存在しないのである。そこで次に、本章で定義した「確率を割り振る」意味でのナッシュ均衡を考えよう。

選挙戦の行方はいかに?!

じゃんけんゲームの場合とまったく同じように考える。じゃんけんゲームでは、マリコ様がグーチョキパーの各々に割り振る確率は、藤江れいながどの手を選んでもちょうど勝率が同じになるように設定されていなければならなかった。マリコ様をカリスマ候補者に、藤江れいなを平凡候補者にそれぞれ置き換えると、今回の政策決定ゲームでは、「カリスマ候補者が各政策に割り振る確率は、平凡候補者がどの政策を選んでもちょうど勝率が同じになるように設定されていなければならない」となる。

まず、平凡候補者が王道政策を選んで勝つ確率は、いかほどだろうか。この場合、平凡候補者が勝てるのは、カリスマ候補者が外道政策を選んで、かつ、王道政策好きの投票者の方が多いときである。つまり勝率は、

（カリスマ候補者が外道政策を選ぶ確率）×60％

である。

次に、平凡候補者が外道政策を選んで勝つ確率は、いかほどか。この場合、平凡候補者が勝てるのは、カリスマ候補者が王道政策を選んで、かつ、外道政策好きの投票者の方が多いときである。つまり勝率は、

（カリスマ候補者が王道政策を選ぶ確率）×40％

となる。

ナッシュ均衡においてはこの二つの確率が同じになっていなければならない。そうなるようなカリスマ候補者の確率の割り振り方は何であろうか。

ここで読者の皆さんは、三秒くらい「うーーーん」と唸(うな)ってもらうと、そのような確率の割り振り方はただ一つしかなく、それが「カリスマ候補者は王道政策に60％、外道政策に40％を割り振る」というものであることが分かっていただけると思う。

ここまでで、ナッシュ均衡におけるカリスマ候補者の確率の割り振り方を無事求めることができた。では、平凡候補者の確率の割り振り方はどうだろうか。

以下、先ほどと似た議論を展開する。今までの議論をそのまま書き写したようにも見えるが少し違いがあるので、見比べながら読み進めていただきたい。

まず、カリスマ候補者が王道政策を選んで勝つ確率は、いかほどだろうか。この場合、カリスマ候補者が負けるのは、平凡候補者が外道政策を選んで、かつ、外道政策好きの投票者の方が多いときである。つまり勝率は、100％から

（平凡候補者が外道政策を選ぶ確率）×40％

を引いたものである。

次に、カリスマ候補者が外道政策を選んで勝つ確率は、いかほどであろうか。この場合、カ

リスマ候補者が負けるのは、平凡候補者が王道政策を選んで、かつ、王道政策好きの投票者の方が多いときである。つまりこの勝率は、100％から

（平凡候補者が王道政策を選ぶ確率）×60％

を引いたものとなる。

ナッシュ均衡においてはこの二つの確率が同じになっていなければならない。そうなるような平凡候補者の確率の割り振り方は何であろうか。

ここで読者の皆さんは、一秒くらい「うーん」と唸ってもらうと、そのような確率の割り振り方はただ一つしかなく、それが「平凡候補者は王道政策に40％、外道政策に60％を割り振る」というものであることが分かっていただけると思う。

これで、ナッシュ均衡における二候補者の確率の割り振り方を無事求めることができた。では、勝率はどうなっているだろう。平凡候補者の方が勝ちにくいので、平凡候補者の勝率を求めた方がやりやすい。平凡候補者が勝つのは、以下の二つの場合のみだ。

「カリスマ候補者が王道（60％）、平凡候補者が外道（60％）、そして外道好きな投票者の方が多い（40％）」→これが起きる確率は、三つの確率を掛け合わせて、14.4％。

「カリスマ候補者が外道（40％）、平凡候補者が王道（40％）、そして王道好きな投票者の方が

多い（60％）」→これが起きる確率は、三つの確率を掛け合わせて、9.6％。

これらの確率を足し合わせると、24％だ。100％マイナス24％で76％なので、つまり、カリスマ候補者は勝率76％、平凡候補者は勝率24％、となる。

以上で、非存在の問題に関する解説を終える。そして、これでナッシュ均衡に関する解説も終わりだ。

第2章の初めに、映画〈ビューティフル・マインド〉を紹介した。この二〇〇一年に公開された映画は、アカデミー賞およびゴールデングローブ賞を多部門にわたって受賞した。僕も観たが、なかなかいい映画だと思う。しかしゲーム理論家として、この映画については一つ言っておかなければならないことがある。それは、映画中に出てくるナッシュ均衡の説明がちんぷんかんぷんだ、ということだ。ここまで読んできて、映画を観て、映画中のナッシュ均衡の説明に納得してしまったならば、本書第2章の初めから読み直そう。もし「これはちんぷんかんぷんだ」と思ったならば、あなたは第4章までを卒業だ。

入門の入門

第5章
完全情報ゲームと後ろ向き帰納法
将来のことから考える

ここまで本書では，皆の戦略決定が同時になされる状況を考えてきた．ここからは，戦略決定が同時とは限らない状況を考える．第5章では，ラブジェネゲームで哲平と理子が同時に携帯会社を選ばない場合を考えて肩慣らしをした後，ラーメン店が新店舗をオープンすべきかどうかという問題を軸に，同時に意思決定がなされない場合のために考案された概念「後ろ向き帰納法」について理解を深める．

前章までは、じゃんけんや週末に同時に携帯を買う場合のように、「いっせーのーせ!」で戦略決定をする状況を考えてきた。本章では、ある人の意思決定の後に他の人の意思決定がある、というように、時間を追ってゲームが進行するケースを考える。

本章以降では、前章で話題に上がった「自分の戦略それぞれに確率を割り振る」問題はややこしいので忘れることにする。それを考えても考えなくても、だいたい同じ話ができるので。(第2章の末で紹介した)本書末尾のQRコードを使ってアクセスできる練習問題には確率を割り振る話も少し出てくるので、興味ある読者はそちらを見てみてほしい。

さてまず、わりと当たり前だが重要な点を言っておくと、意思決定の順番を変えると、ゲームの結果も変わる。たとえばじゃんけん。「いっせーのーせ!」の場合に勝率50%になることは既に確認済みだが、ここで順番を変えてみよう。藤江れいなが手を出した後に、それを見たマリコ様が手を選ぶとする。そうすると、藤江れいながどう頑張っても、マリコ様が勝つだろう。

次に重要な点として、結果が変わるには順番を変えるだけではダメで、情報も変えなくてはいけないということを指摘したい。たとえば、藤江れいなが手を先に決めるのだけれど、マリコ様はその決めた手を見ずに手を選ぶとする。するとこれは、同時に手を出しているのと実質変わらないので、やはり「いっせーのせ！」の場合と同じく勝率50％となる。

最後に、これはそこまであまり明らかではない点かもしれないが、後手が有利とは限らない、というのも事実だ。この点を、次の例で見ていこう。

先手必勝の場合

ラブジェネゲームを思い出そう。哲平と理子は違う携帯会社にするよりは同じ携帯会社の方が良いが、二人ともドコモなのと二人ともauなのを比べると、前者の方が良いと思っていた。ここで設定を変えて、哲平はいまだに二人ともドコモにする方が二人ともauにするより良いと思っているが、理子は、二人ともauにする方が二人ともドコモにするよりも良いと思っているとする。二人とも同じ携帯会社にする方が二人で違う携帯会社にするよりは良い、という設定は今までと変わりない。

ラブジェネゲームと同様の分析で、「二人ともドコモ」と「二人ともau」という二つのナッシュ均衡があることを、まず読者各自ご確認いただきたい。さてここで、哲平は午前に、理子は同日の午後に、それぞれ携帯電話を買うとする。さらに、哲平は理子とその日の正午に会い、

「ちょ、待てよ。俺、ドコモにしたからさ」
もしくは、
「ちょ、待てよ。俺、ａｕにしたからさ」
と、買った携帯電話を見せながら話せることにする。この場合、哲平はどちらの携帯会社を選ぶべきであろうか。

まず、哲平がドコモを選んだとしよう。すると、それを知った理子は、ドコモを選べば「二人ともドコモ」という状態を達成できる。これは理子にとって最も理想的なわけではないが、ａｕを選んで起きる「二人の携帯会社が違う」という残念な状態を回避できている。なので、哲平はドコモを選べば、それを知った理子もドコモを選ぶので、最高の状態を達成できるのだ。

翻って、哲平がもしａｕを選んだらどうなるだろうか。するとそれを知った理子は、ａｕを選べば「二人ともａｕ」という理想の状態を達成できるが、ドコモを選ぶと「二人の携帯会社が違う」という残念な状態になってしまう。なので、哲平がａｕを選べば、それを知った理子もａｕを選ぶということになる。

この二つを比べると、哲平としてはドコモを選ぶのがベストな反応になっている。それによって哲平は、自分にとって最も良い状態を達成できる。つまり、先手必勝なのだ。

ここで気づいてもらいたいのは、哲平はドコモかａｕかという意思決定をするにあたって、まず、理子の行動という「将来起きること」を考えるということだ。つまり哲平は、まず自分が理子になったとして理子の直面する問題を解く。その作業が終わると、それをもとに、自分の意思決定問題を解くのだ。そんなわけで、我々分析者がこの状況を考えるときにも、一番将来に起きることをまず分析して、次にその分析結果をもとにその直前に起きることを分析して、そうやって、後ろ向きに過去に遡って問題を考える、という作業をすることになる。

この作業には、**後ろ向き帰納法**という格式張った名前がついている。「後ろ向き」なのは先ほど説明した通り。「帰納法」というのは、まず一つ目を分析し、それをもとにすると二つ目のことが分かり、それをもとにすると……といった解法を指すが、これがまさに「一番将来に起きることをまず分析して、次にその分析結果をもとにその直前に起きることを分析して、そうやって……」という手法に対応している。この後ろ向き帰納法、すべてとは言わないが、結構さまざまな問題に通用する。以下では、後ろ向き帰納法を実際に使ってみよう。

バークレーでラーメンゲーム

二〇一七年、我が大学街バークレーに豚骨ラーメンの一風堂ができて、それはもう大騒ぎだった。アメリカでのラーメンブームも相俟(あいま)って、連日長蛇の列。出店当初は、一時間待ちなんてザラだった。

この一風堂、値段が高い。赤丸新味が一五ドル、白丸元味が一四ドルするのだが、店内になぜか貼ってある日本語のお品書きには、

赤丸新味　七八〇

白丸元味　六八〇

と書いてある。だから僕は「あの、あそこに貼ってあるやつ」と店員に頼んでみるのだが、全然分かってもらえない。

さて、現状一風堂がバークレーラーメン界のダントツの人気店なわけだが、ここで別の豚骨ラーメンの有名店、博多天神がバークレーに出店を考えているとする。

博多天神には僕も大分お世話になった。大学一、二年生の頃、キャンパスに近い渋谷の店舗では、いつも店の前に替玉無料券が置いてあって、それを摑んで豚骨ラーメンを注文。値段も良心的、確か五〇〇円くらいだったかなぁ。僕のような貧乏学生にはとても助かった。ゴマとか紅生姜とかを大量に入れて食らったものだ。

そんな博多天神、もしバークレーで出店しなければ、この界隈からは利潤は得られず、一風

堂の一人勝ちだ。出店した場合にどれくらいの利潤が見込めるかは、一風堂の反応にかかっている。もし一風堂が積極的な値下げ攻勢を仕掛けてきたら、博多天神は低価格での競争を強いられるため店舗を出す初期費用を回収できず、赤字になるだろう。しかし、一風堂が高値をキープして共存を目指した場合は、博多天神も値段を高く設定することができ、黒字を出すことができる。一風堂としても、共存すれば黒字だが、値下げ攻勢を仕掛けて激しい価格競争に持ち込めば赤字となる、とする。

このゲームを「ラーメンゲーム」と呼ぼう。博多天神は、バークレーに出店すべきだろうか。

この問題を分析する前に、こうした「市場に参入すべきかどうか」という状況は何も一風堂と博多天神の問題に限ったことではないことを断っておこう。ビジネスパーソンの皆さんなら、自社が新規事業を立ち上げるケースを頭に浮かべると、容易に似たケースが想像できるかもしれない。新規事業を立ち上げる時には、たいてい既存企業がいるもので、その既存企業の反応を予想しながら事業立ち上げすべきかを考えなければならない。

ビジネススクールの授業では、甘味料市場の話が、この市場参入ゲームの代表格としてよく語られる。コーヒーなどに砂糖の代わりに入れる、甘味料。これにまつわる特許を、ニュートラ

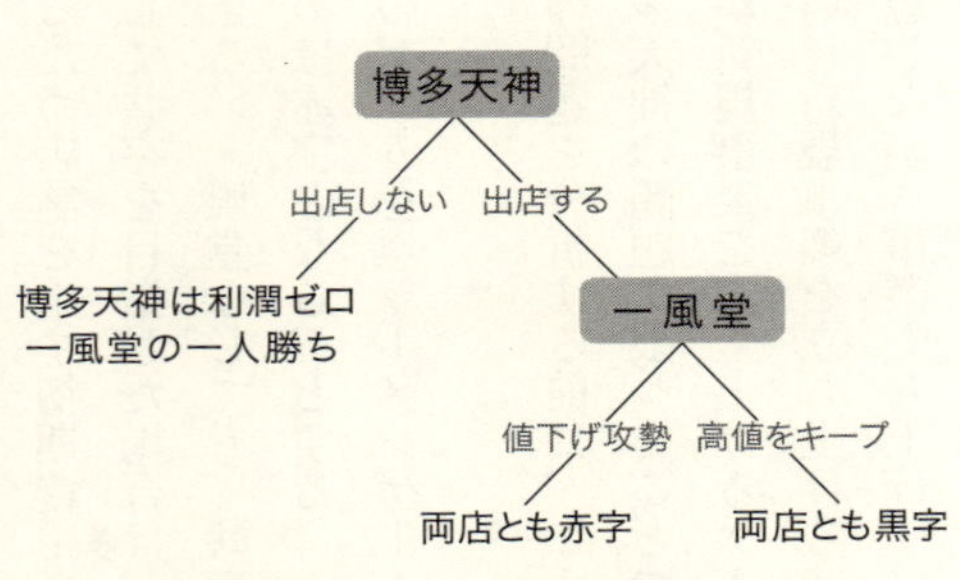

図 5-1　ラーメンゲームのゲームの木

スウィートという会社が所有していた。しかしその特許が、一九八七年にヨーロッパ及びカナダにて切れてしまう。その時期を狙って、オランダ甘味料カンパニーという会社がビジネスチャンスをうかがっていた、というものだ。この例では、結局オランダ甘味料カンパニーは甘味料市場に参入、そして二社は激しい価格競争に陥った。

ゲームの木で考える

ラーメンに話を戻そう。こういった「いっせーのーせ！」ではないゲームを分析する際には、**ゲームの木**というものが役に立つ。図5-1を参照されたい。

まず、一番上にある「博多天神」と書いてあるボックス――これを**意思決定点**と呼ぶ――は、博多天神が意思決定することを表す。博多天神には、二つの選択肢がある。出店するか、しないか。もし出店しないことに決めたら、そこでゲームは終わりだ。

もし出店した場合には、今度は一風堂の意思決定点が待っている。一風堂は、値下げ攻勢か高値をキープの、どちらかを選ぶ。どちらにしても、ゲームは終了する。

というわけで、このゲームには「博多天神が出店しない」「博多天神が出店し、一風堂が値下げ攻勢を仕掛ける」「博多天神が出店し、一風堂が高値をキープする」という三通りの終了の仕方がある。このそれぞれにおける結果が、ゲームの木に書き込まれているのが分かるだろう。「博多天神は利潤ゼロ、一風堂の一人勝ち」「両店とも赤字」「両店とも黒字」の三通りだ。

では、このゲームを後ろ向き帰納法で解いてみよう。

後ろ向き帰納法に則って、まず一番将来に起きることを考える。これは、一風堂の意思決定問題だ。つまり、博多天神が出店したとして、一風堂の出方を考えるわけだ。一風堂には、この時点において「値下げ攻勢」と「高値をキープ」の二つの選択肢がある。値下げ攻勢を仕掛ければ赤字で高値をキープすれば黒字なので、一風堂としては、博多天神が出店してきたと仮定すると、高値をキープした方が良い。

では、出店後に何が起きるかは読めたので、次にそれをもとに博多天神の意思決定問題を考えよう。博多天神は、もし出店しなければ利潤ゼロだ。出店すると、先ほど分析した通り、一風堂は高値をキープすると予想されるので、黒字になる。だから、博多天神のベストな反応は「出店する」ことだ。

こうして、このラーメンゲームで起きることが後ろ向き帰納法を使って予測できた。予測は、「博多天神は出店し、一風堂は高値をキープする」ということである。

ここで、この結論を得るには、一風堂が確かに利潤を最大化するように戦略を選ぶということを博多天神が出店するかを決める際に知っている必要がある、ということを確認してもらいたい。もし博多天神が、

「一風堂は利潤最大化なんて目指してない、絶対値下げ攻勢を仕掛けてくる!」

と考えるならば、博多天神としては出店しない方がいいのである。

さて、この後ろ向き帰納法による予測を、ナッシュ均衡による予測と比べてみよう。せっかくナッシュ均衡について勉強したのだから、ナッシュ均衡を使った分析をしたくなるのが人情というものである。

まず、ナッシュ均衡で何が起きるかを理解するために、博多天神には「出店する」「出店しない」の二通りの選択肢があり、一風堂には「値下げ攻勢」「高値をキープ」の二通りの選択

肢があることを思い出そう。博多天神と一風堂それぞれに二つずつ選択肢があるから、選択肢のペアは全部で四通り（２×２）の可能性がある。この四通りを各店にとって利潤が高い順に並べたのが、次ページの図5-2である。

博多天神は、出店するのか

まず、後ろ向き帰納法で得られた予測が確かにナッシュ均衡になっていることを確かめよう。博多天神が出店するなら、一風堂としては確かに値下げ攻勢を仕掛けて赤字になるよりも高値をキープして利益を出した方がいい。博多天神としても、一風堂が高値をキープしてくれるのなら出店した方がいい。やはりこれはナッシュ均衡だ。

では残りの三つの可能性を一応確認しておこう。まず、博多天神が出店して一風堂が値下げ攻勢を仕掛けるのはどうか。ここでは、どう見ても一風堂がベストな反応をしていない。博多天神が出店してくるなら、値下げ攻勢を仕掛けるよりも高値をキープした方がいいのだ。

では、博多天神が出店せずに一風堂が高値をキープするのはどうだろうか。この状態では、博多天神がベストな反応をしていない。一風堂が高値をキープしてくれるのなら、博多天神としては出店した方がいいからだ。

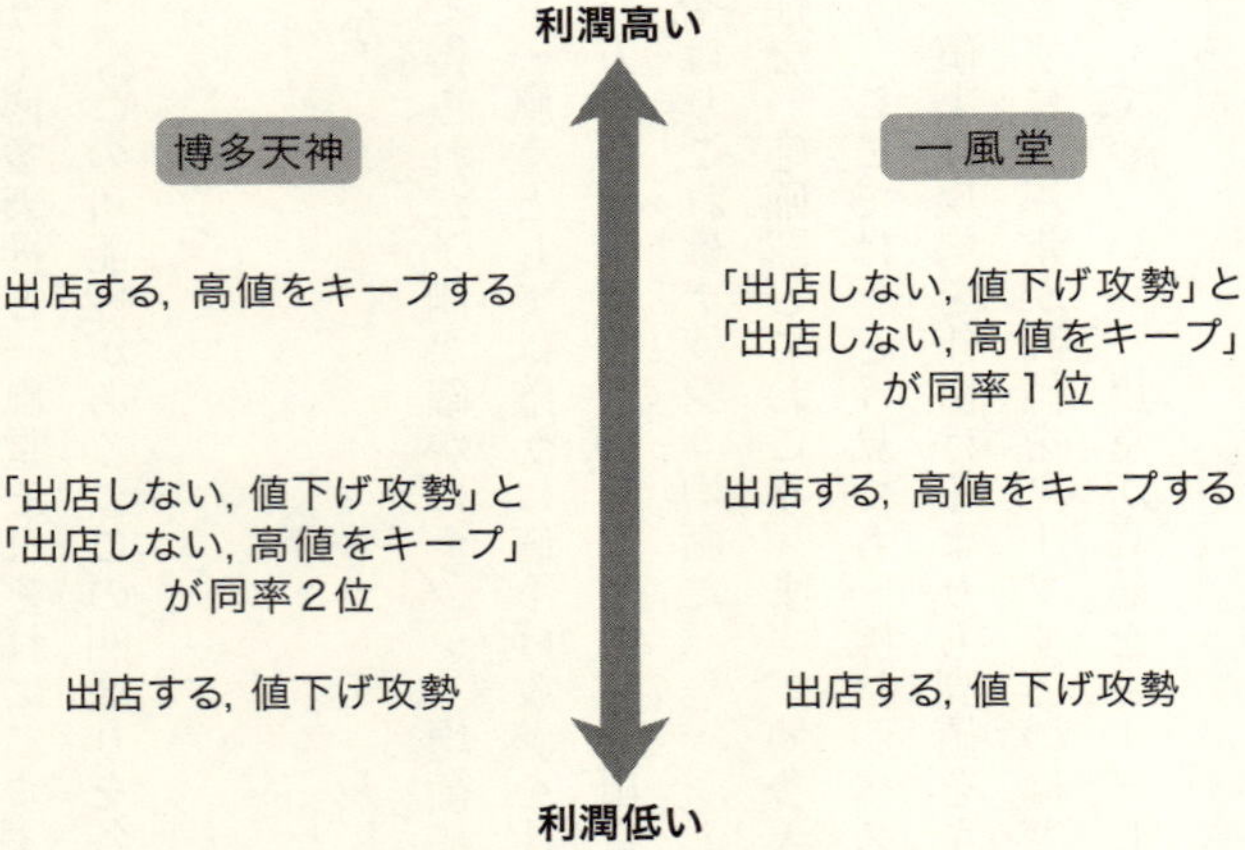

利潤高い

博多天神	一風堂
出店する, 高値をキープする	「出店しない, 値下げ攻勢」と「出店しない, 高値をキープ」が同率１位
「出店しない, 値下げ攻勢」と「出店しない, 高値をキープ」が同率２位	出店する, 高値をキープする
出店する, 値下げ攻勢	出店する, 値下げ攻勢

利潤低い

図 5-2　ラーメンゲームの利潤順位表

最後に、博多天神が出店せずに一風堂が値下げ攻勢を仕掛けるのはどうだろうか。博多天神としては、一風堂が値下げ攻勢を仕掛けてくるので確かに出店しない方がいい。一風堂としては、博多天神が出店してこないので、「値下げ攻勢」を選ぼうが「高値をキープ」を選ぼうが関係なく結果は「一人勝ち」だ。どちらもベストな反応なので、「値下げ攻勢」を選ぶのもベストな反応のうちの一つだ。したがって、この状態では博多天神と一風堂がお互いにベストな反応をしている。あれ？だからこれはナッシュ均衡だ。

というわけで、このラーメンゲームにはナッシュ均衡が二つある。そのうち一つだけが後ろ向き帰納法による予測だ。もう一つは、「博多天神が出店せずに一風堂が値下げ攻勢を仕掛ける」というもので、これはちょうど、博多天神は一風堂が値下げ攻勢を仕掛けてくるとなぜか予想していてそのせいで出店しないでおく、という状態に対応している。

ここで皆さん、二つの点について混乱するかもしれない。

第一に、そもそも、博多天神が出店しない場合に一風堂が値下げ攻勢を仕掛けるか高値をキープするか、などと考えること自体がナンセンスなんじゃないか？

第二に、博多天神が出店したとしたら一風堂は値下げ攻勢を仕掛けたくはないのだから、博多天神が出店しない場合に一風堂が値下げ攻勢も高値をキープも「どちらもベストな反応」とした議論に異議あり！

第一の点は一見もっともな議論だ。しかし、ナッシュ均衡の定義自体には、すべての意思決定者が「相手が何をするかに対するベストな反応」をしていなければならない、とあるので、すべての意思決定者について、その相手が何をするかを定めておかないといけない。ラーメンゲームの文脈では、博多天神が出店すべきかどうかを分析するために一風堂がどう行動するかを定めておくというのは、ナッシュ均衡を定義する上で必要不可欠なステップなのだ。

これは実は、「ナッシュ均衡を使いたい」という少々マニアックな欲求を超えた重要な示唆に富む点である。何かと言うと、自社の戦略を決定するにあたっては、他社が今後どのように動いてくるかを、自社の決定が排除するような仮想の状態についても考えなければいけない、ということである。

第二の混乱点も、なかなか良さそうな点だ。しかしナッシュ均衡の定義自体には、「相手がもしナッシュ均衡の予測通りの行動をしない場合に、自分の行動はベストな反応か？」といった問いは盛り込まれていない。あくまで、相手がナッシュ均衡で取っている行動に対して自分がベストな反応をするかだけを問うている。だから、

「博多天神は出店してきていないが、もし出店してきたとしたら一風堂の戦略はベストな反

応か？」

といった問いはナッシュ均衡を分析する限り問えないし、問う必要がないのである。

とは言え、第二の混乱点を鑑みるにつき、ナッシュ均衡の予測は少々物足りない気がする。その問題を解決するのが後ろ向き帰納法なのだ。後ろ向き帰納法を使って、「一番将来に起きること」から分析を始めると、たとえば一風堂の意思決定問題を最初に考えることになる。でも、その段階では一風堂が実際に意思決定する立場に追いやられるかは分からない。しかし後ろ向き帰納法に則ると、その状況も考えなくてはいけないのだ。

このように後ろ向き帰納法は、時間の経過により意思決定が順次なされていくことを考慮に入れた予測法になっているのである。

サンフランシスコでもラーメンゲーム

本書の冒頭でも紹介したように、バークレーという街はサンフランシスコの近くにある。サンフランシスコから車でベイブリッジを渡って、道が空いている時なら二〇分もかからずに着いてしまう。ちなみに、このサンフランシスコにも一風堂がある。

そんなサンフランシスコで一風堂が独占状態を保っているところに、九州じゃんがら（以下、

「じゃんがら」)が出店してこようとしているとしよう。このじゃんがらも、豚骨ラーメンの有名店だ。僕も中高時代に、店舗のある秋葉原でわざわざ電車を降りてよく行ったものだ。

さて、サンフランシスコ市場はバークレー市場よりも大きく、一風堂は独占状態を保っていたい。バークレーでうまく立ち振る舞うことによって、サンフランシスコでの利潤を高い水準で保てるだろうか。

具体的には、以下のような問題を考えよう。まずバークレーで、先ほど分析したラーメンゲームが繰り広げられる。その後、その結果を見て、じゃんがらはサンフランシスコに出店するか否かを決定する。出店しなければ利潤ゼロで、そのかわり一風堂が多額の独占利潤を得る。出店した場合、一風堂には「値下げ攻勢」「高値をキープ」の二つの選択肢があり、それぞれの結果は、「両社とも大赤字」「両社とも結構黒字」のどちらかだとする。全部で三つのラーメンブランドがあるが、そのそれぞれが、自社の利潤を最大化することを目的としているとする。先ほどのラーメンゲームと区別するために、このバークレー市場とサンフランシスコ市場の両方を含めた新たなラーメンゲームを、「バーサンラーメンゲーム」と呼ぶことにしよう。

何やらゲームのルールが複雑になってきた。こういう複雑なゲームを分析するのに、ゲームの木が非常に役立つ。では、ゲームの木を描いてみよう。というか、読者の皆さんには、ゲームの木を自分で描いてみてほしい。

ゲームの木を描くにあたって、いくつか注意事項がある。それをまずこれから解説するので、読者の皆さんはこの注意事項にしたがってゲームの木を自分で描いてみて、それから108ページにある答えを見てみてほしい。

ゲームの木の描き方ルール

まず、「ゲームの木」という名前の由来から。これは96ページのゲームの木を見て、そしてこの本を逆さにしてもらうと、分かる。ほら、木に見えるでしょう？何やら単純な理由だが、これを「木」だと思うことは、結構役に立つ。それは、ゲームの木を描くにあたっていくつか重要なルールがあるからだ。

ルール1　本物の木はそのどこから始めてだんだん下に行っても、必ず同じ「根」にたどり着く。同じように、ゲームの木は必ず一つの意思決定点からスタートしなければいけない。そしてゲームの木の中のどんな点から始めても、過去に遡ると必ずこの意思決定点にたどり着かなければいけない。たとえばラーメンゲームのスタート点は、博多天神の意思決定点だ。そして、ゲームの木の中のどんな点、たとえば博多天神が出店して一風堂が値下げ攻勢を仕掛けた後の点(「両店とも赤字」と書いてある)から過去に遡っても、やはりこの意思決定点にたどり着く。この意思決定点のことを、**根っこの点**という。ゲームの木の中のそれぞれの線が枝に、「博多天神が参入しない」などの結果が葉っぱに、それぞれ対応するというわけだ。

ルール2　本物の木は一旦枝分かれした枝たちがまたくっつくということは(あまり)ないが、ゲームの木でもそうしたことは許されない。今まで起きたことが異なれば、ゲームの木でも異なる意思決定点として表されるべき、というルールだ。

さて、ゲームの木の描き方ルールも分かったことだし、実際にゲームの木を描いてみてほしい。描くにあたって、「大赤字」とか「結構黒字」とかただの「赤字」とか、いろいろややこしい。そこで便宜的に、バークレーでの(初期投資費用を除いた)独占利潤は10、サンフランシスコでの(初期投資費用を除いた)独占利潤は40、としよう。そして、初期投資費用はバークレーではどちらの店も3、サンフランシスコではどちらの店も8、とする。こういった数字はだいたい何でもいいのだが、ゲームの木を描くときにいちいち「大赤字」とか「結構黒字」とか書きこむのはやかましいので、スマートに数字を書き入れることにするのだ。

例として、計算の仕方を一風堂の場合について説明してみよう。一風堂はバークレーで独占状態を保てば、最終的な利潤は10マイナス3で7。博多天神が出店するも高値をキープするならば独占利潤を分け合うので、最終的な利潤は5マイナス3で2(5は、独占利潤10の半分)。博多天神が出店して値下げ攻勢を仕掛けた場合は、価格がコストまで下がってしまい、利潤はゼロ。初期費用がかかるので、最終的な利潤は0マイナス3で−3、といった具合だ。

ついでに、一風堂はサンフランシスコで独占状態を保てば、最終的な利潤は40マイナス8で32。じゃんがらが出店するも高値をキープするならば独占利潤を分け合うので、最終的な利潤は20マイナス8で12(20は、独占利潤40の半分)。じゃんがらが出店して値下げ攻勢を仕掛けた場合は、価格がコストまで下がってしまい、利潤はゼロ。初期費用がかかるので、最終的な利潤は0マイナス8で−8、となる。

総利潤は、バークレーとサンフランシスコの利潤の合計だ。たとえばバークレーでは博多天神が出店せず、サンフランシスコではじゃんがらが出店して一風堂が値下げ攻勢を仕掛けた場合、博多天神、じゃんがら、一風堂のそれぞれの総利潤は、0、−8、−1(7マイナス8)、となる。

では、ゲームの木を描いてみよう。そして描けたら、次のページを見てみよう。

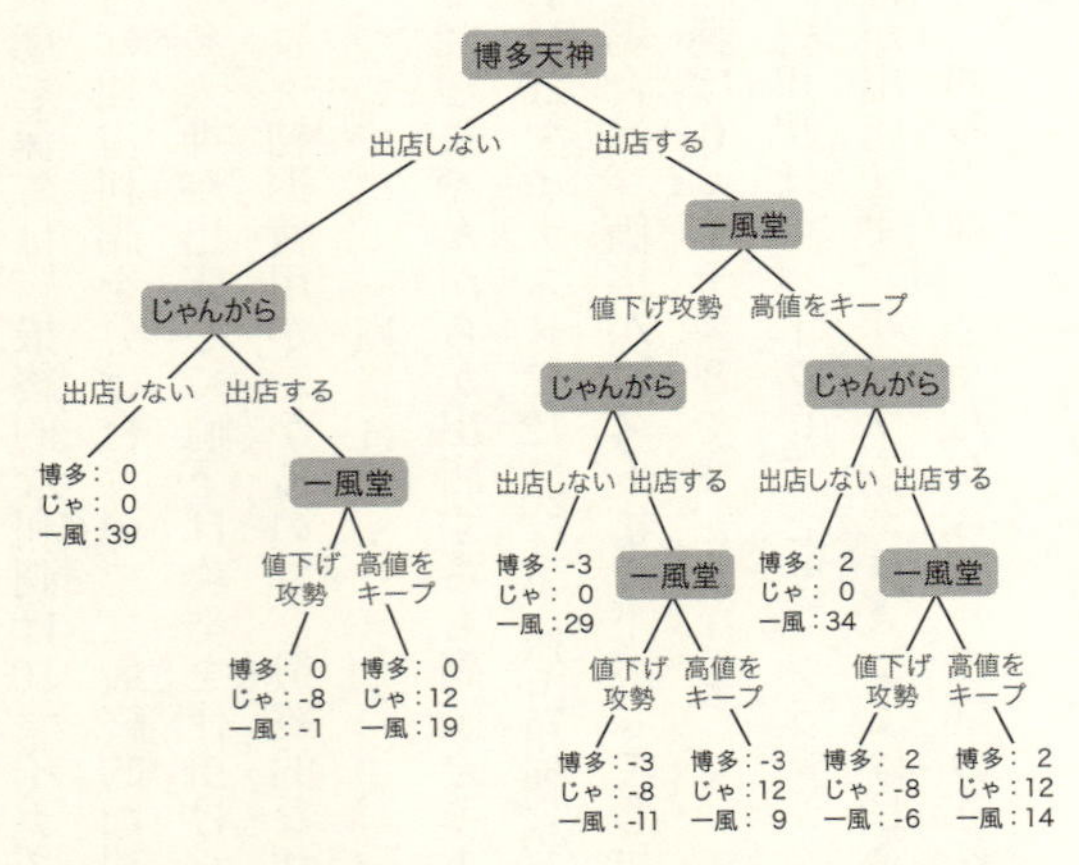

図 5-3　バーサンラーメンゲームの正しいゲームの木

典型的な間違い

まず、本ページの上にあるのが正解だ。皆さん、このように描けただろうか。そして、左ページにある二つが、実際に類似の問題を我が大学で学生に出した際によくあった典型的な間違いである。これらの悪い例は、木の葉っぱに何が書いてあるかではなく木の形自体に問題があるので、葉っぱは書かないでおく。

もしあなたが悪い例1のようにゲームの木を描いたならば、あなたはルール1が分かっていない。ルール1によると、ゲームの木は必ず一つの意思決定点から始まり、どんな点から始めてもこの意思決定点に遡ってこられなければならない。しかし、たとえばサンフランシスコでの一風堂の意思決定点から始めると、バークレ

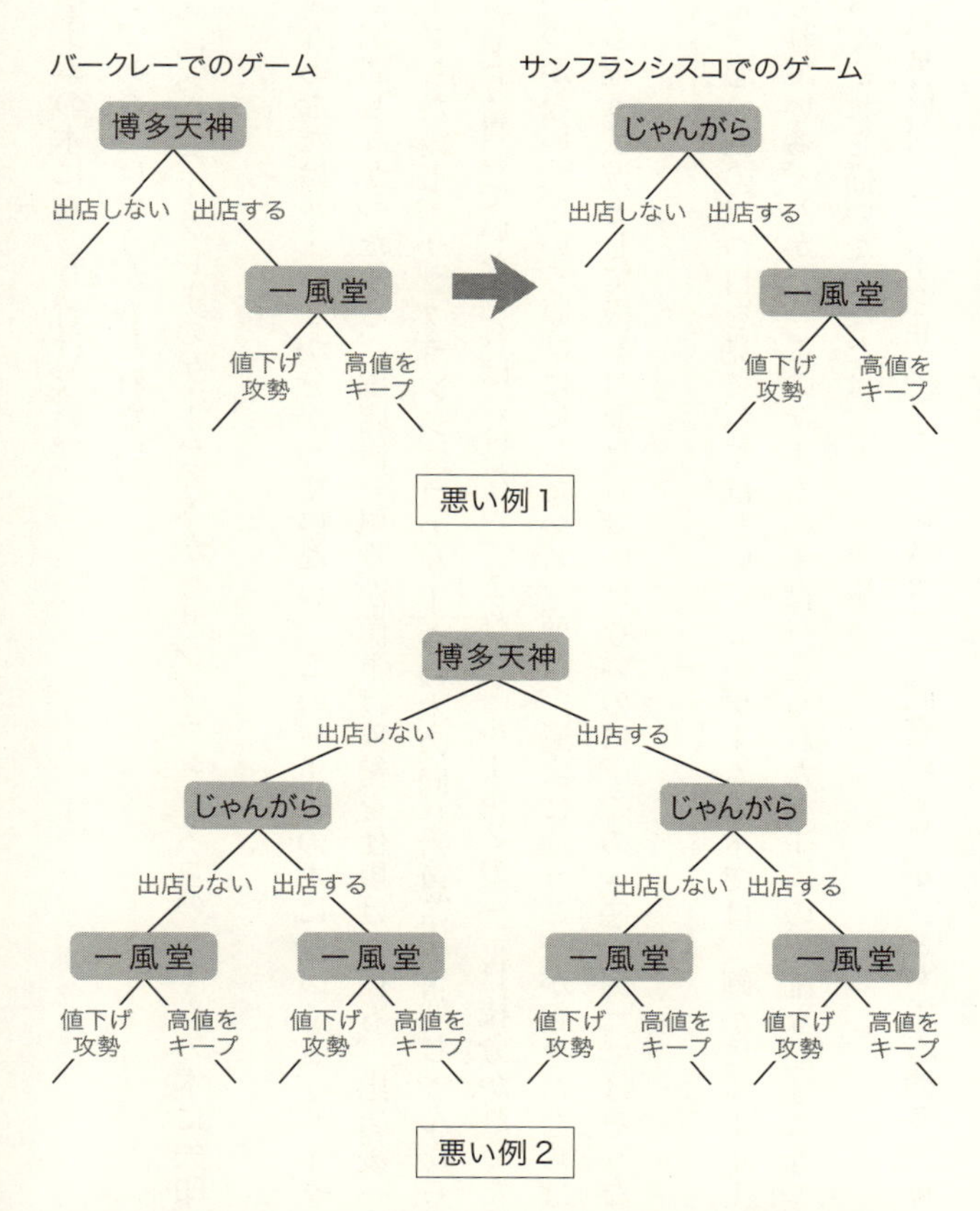

図5-4　バーサンラーメンゲームのゲームの木，典型的な間違い

ーのゲームの木にたどり着けない。

そこであなたは言うかもしれない。

「いやいや、バークレーのゲームの木からサンフランシスコのゲームの木に矢印があるでしょ!」

そんなあなたはルール2が分かっていない。このゲームの木に基づくと、バークレーで博多天神が出店しなかった後も、出店後一風堂が値下げ攻勢を仕掛けた後も、出店後一風堂が高値をキープした後も、サンフランシスコのゲームの木の同じ意思決定点(じゃんがらの意思決定点)にたどり着いていなければいけない。これは、ルール2の「一旦枝分かれした枝たちはまたくっつかない」という原則に反している。要は、過去に違うことが起きたならばゲームの木の上でも違う状況として扱われなければいけないのに、この「悪い例」ではそうなっていないのだ。

次に、悪い例の二つ目を見てみてほしい。このゲームの木では、確かにルール1もルール2も守られている。しかし、このゲームの木は与えられたゲームの正確な記述になっていない。おそらくこれを描いたあなたは、

「一風堂はバークレーとサンフランシスコで二回登場するが、どちらも博多天神やじゃんが

らといった新規参入者が意思決定をした後に意思決定をする。だから、まとめちゃえ」と考えたのだろう。

しかしこれはよくない。なぜかというと、本当はじゃんがらは一風堂のバークレーでの出方を見てから出店するかどうか決めるはずなのに、この「悪い例」ではじゃんがらは出店するかの意思決定をその情報なしにしなければいけなくなっている。なのでこれでは、「じゃんがらは一風堂の出方次第で出店戦略を変えるか」とか、「じゃんがらの出店戦略に影響を与えるべく一風堂はバークレーであえて値下げ攻勢を仕掛けるか」といったことが分析できなくなってしまうのだ。

後ろ向き帰納法、威力を発揮！

正しいゲームの木の話に戻ろう（108ページ図５-３）。これから、これを後ろ向き帰納法で解いていく。まず、木の左の方から考えてみよう。最も遠い将来の意思決定問題、つまり、その意思決定問題の後にはゲームの木の葉っぱしかないような意思決定問題は、「博多天神が出店せず、じゃんがらが出店」した後にたどり着く一風堂の意思決定点での問題である。ここでは、一風堂には二つの選択肢「値下げ攻勢」「高値をキープ」があるわけだが、それぞれから得られる利潤は、−1および19だ。だから高値をキープした方がいい。そこで、この「高値をキープ」に相当する木の枝を太くしたのが、左ページの図5‐5のゲームの木である。

次に、図5‐5にてゲームの木を一つ遡って、じゃんがらの意思決定問題を考える。ここではじゃんがらには二つの選択肢「出店する」「出店しない」がある。それぞれ利潤は12と0だ。というわけでここではじゃんがらは出店するだろうと予測がつく。この「出店する」に相当する枝を太くしたのが、図5‐6のゲームの木だ。

この図5‐6でさらに一つゲームの木を遡ると、博多天神の意思決定点にたどり着く。しかし、ここでの問題はまだ解けない。博多天神が出店しない場合にそのあと何が起きるかは今までの議論から分かったけれども、出店した場合に何が起きるかはまだ分かっていないからだ。

そういうわけで、ここは落ち着いて、また一番遠い将来、つまり葉っぱに近いところから見ていこう。「博多天神が出店し、一風堂が値下げ攻勢、そのあとじゃんがらが出店」してたどり着く、一風堂の意思決定点での問題を考える。また選択肢は「値下げ攻勢」「高値をキープ」の二つだ。それぞれから得られる利潤は−11および9、つまり高値をキープした方が良い。115ページの図5‐7のゲームの木では、「高値にキープ」に相当する木の枝を太くした。

そこから一つ遡ってじゃんがらの意思決定問題を考えると、ここではじゃんがらは「出店す

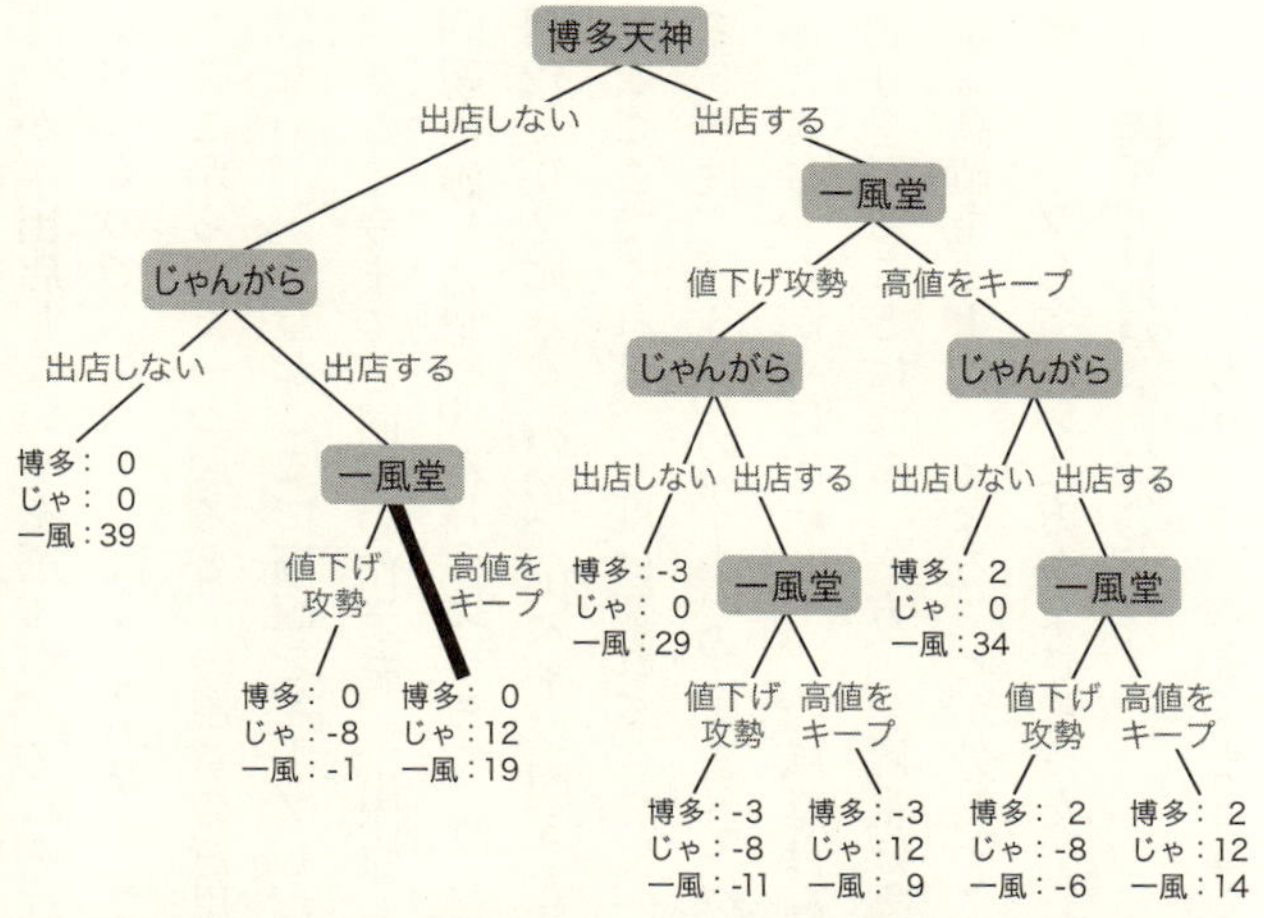

図5-5　19と−1を比べて，一風堂は「高値をキープ」を選択

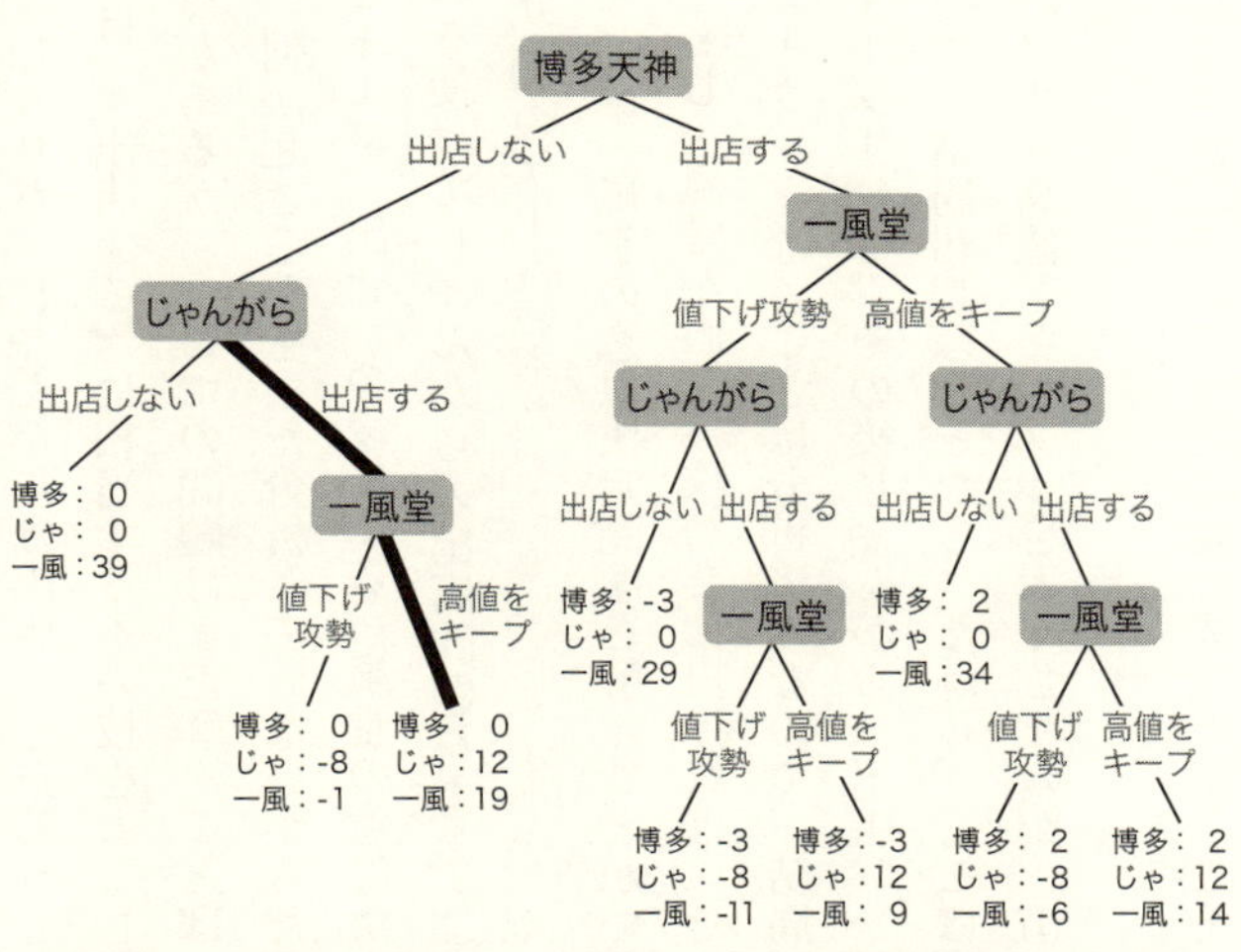

図5-6　12と0を比べて，じゃんがらは「出店する」を選択

る」か「出店しない」を選ぶが、それぞれ利潤は12と0だ。じゃんがらは出店するだろうと予測がつくので、左ページ図5-8のゲームの木では、「出店する」に相当する木の枝を太くした。

ここからまた一つ戻ると、一風堂の意思決定点があるが、ここでの問題はまだ解くことはできない。一風堂がここで高値をキープした場合に何が起きるかをまだ分析していないからだ。

そこで今までと同様の作業を、「出店、高値をキープ、出店」の後にくる一風堂の意思決定問題に施し(利潤-6と14を比べる)、さらにそれを使ってじゃんがらの出店問題を考えた(利潤12と0を比べる)のが、116ページ図5-9と図5-10のゲームの木だ。

ここまでくれば、今度は晴れてさらに一つ遡って、一風堂の意思決定問題を解くことができる。再度、図5-10のゲームの木を見てほしい。もし一風堂が値下げ攻勢を仕掛ければ、そのあとはじゃんがらは出店して、一風堂は高値をキープ、となることは分析済みなので、結局利潤9を得ることになる。一方、一風堂は高値をキープすれば、その後じゃんがらは出店、一風堂は高値をキープ、となることが分かっているので、結局利潤は14となる。だから、ここは高値をキープしておいた方がよさそうだ。というわけで「高値をキープ」を太くしたのが、117ページ図5-11のゲームの木だ。

さて、ここでもう一つ遡ると、また博多天神の意思決定点にやってきた。先ほどはここでの

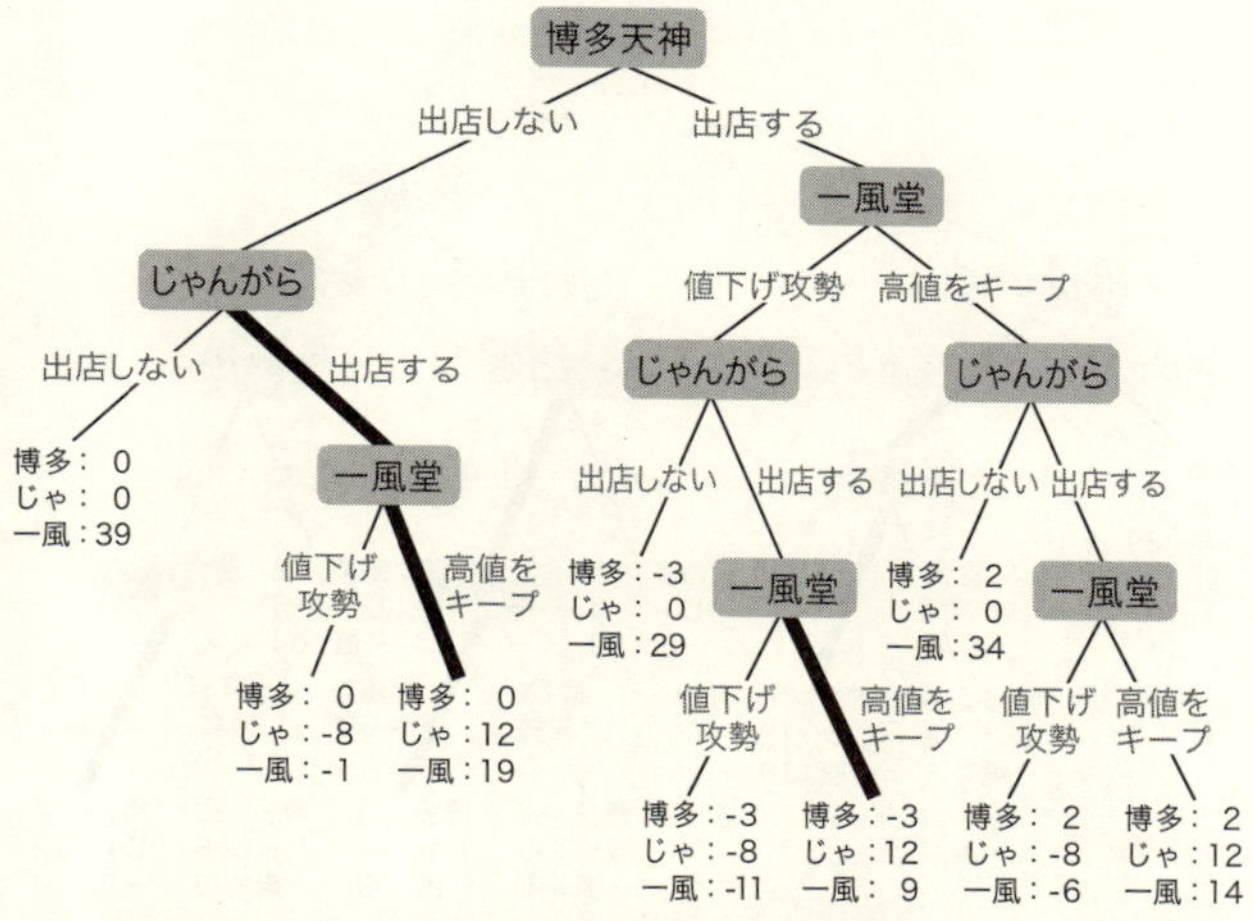

図 5-7　9 と −11 を比べて，一風堂は「高値をキープ」を選択

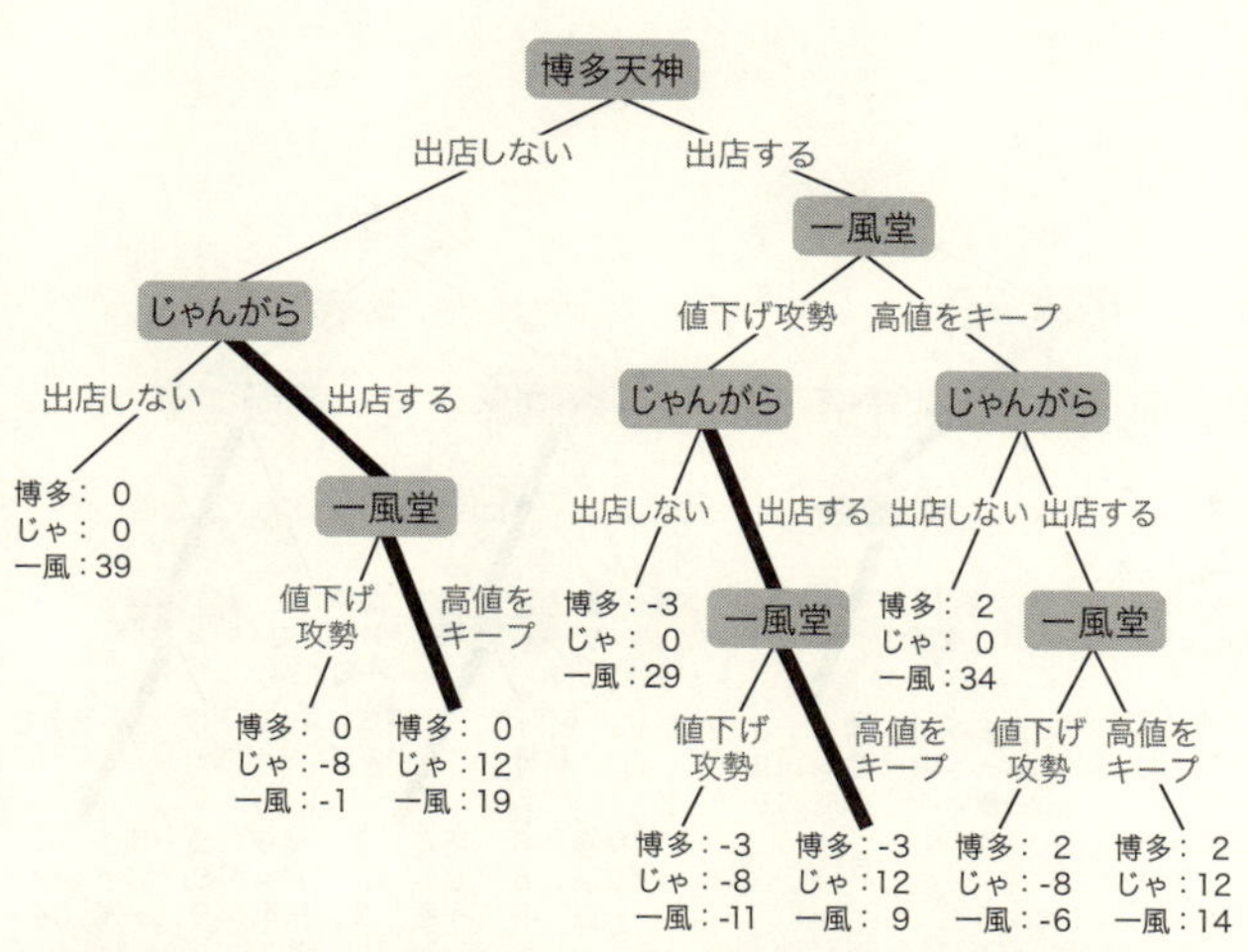

図 5-8　12 と 0 を比べて，じゃんがらは「出店する」を選択

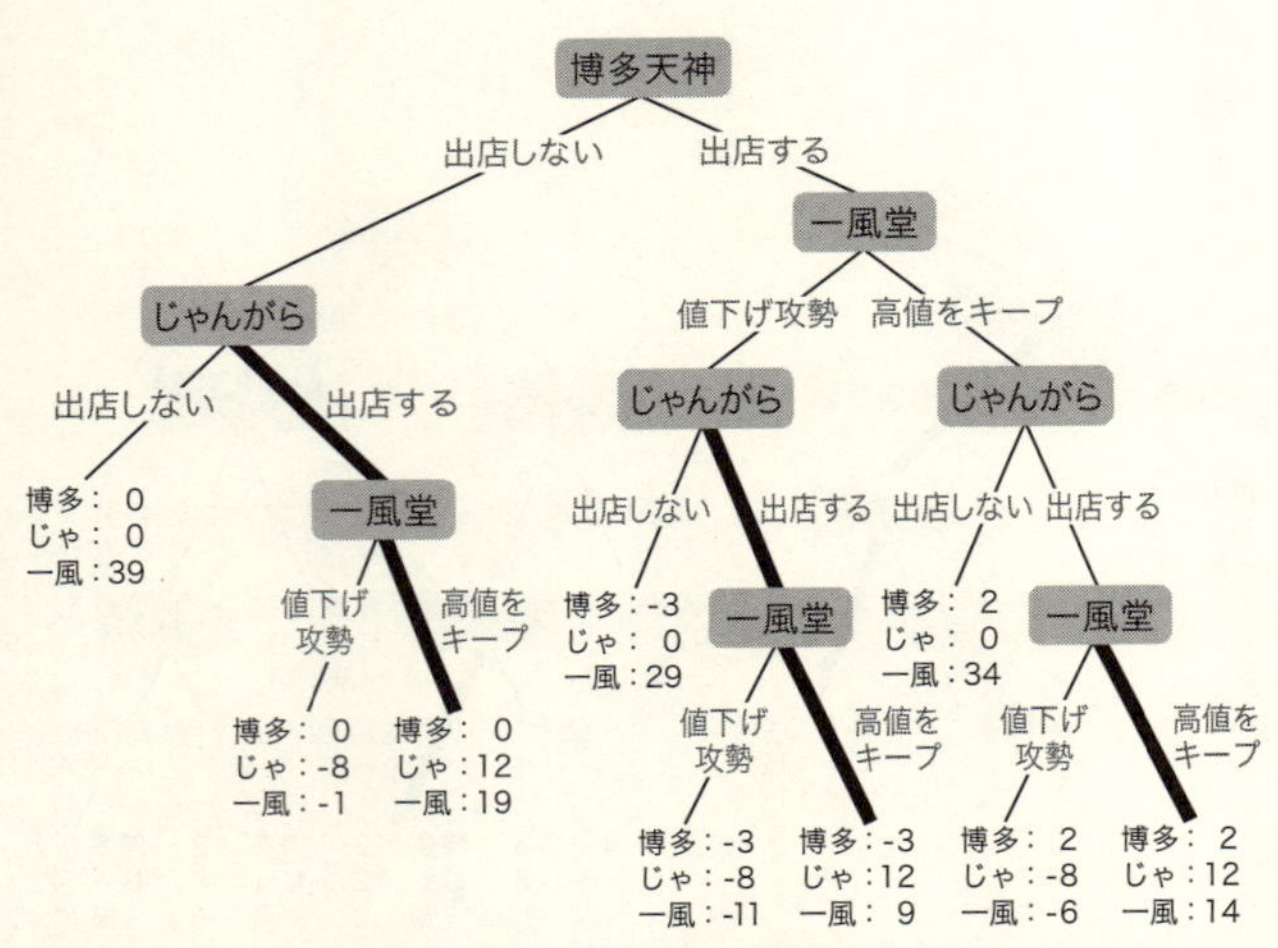

図 5-9　14 と−6 を比べて，一風堂は「高値をキープ」を選択

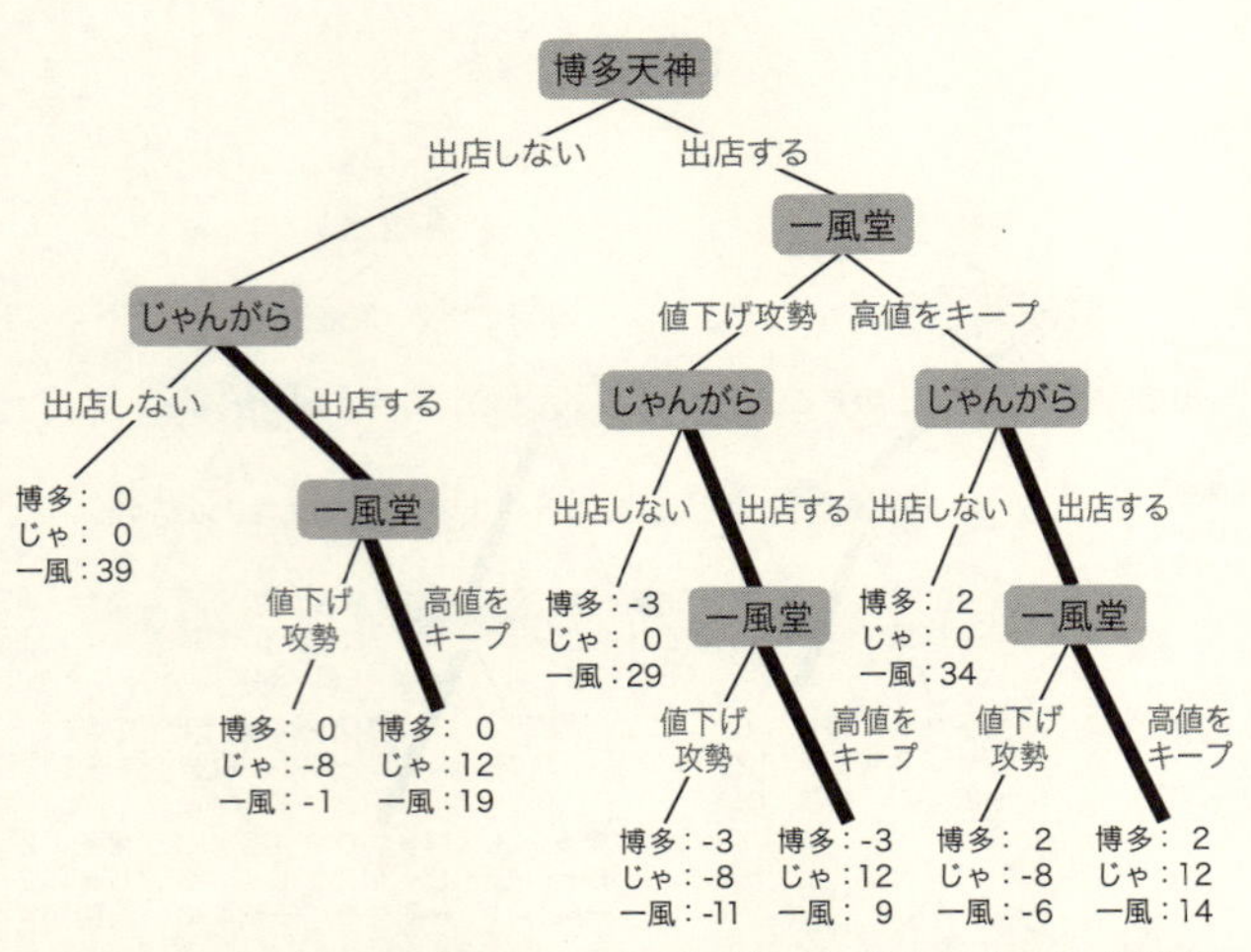

図 5-10　12 と 0 を比べて，じゃんがらは「出店する」を選択

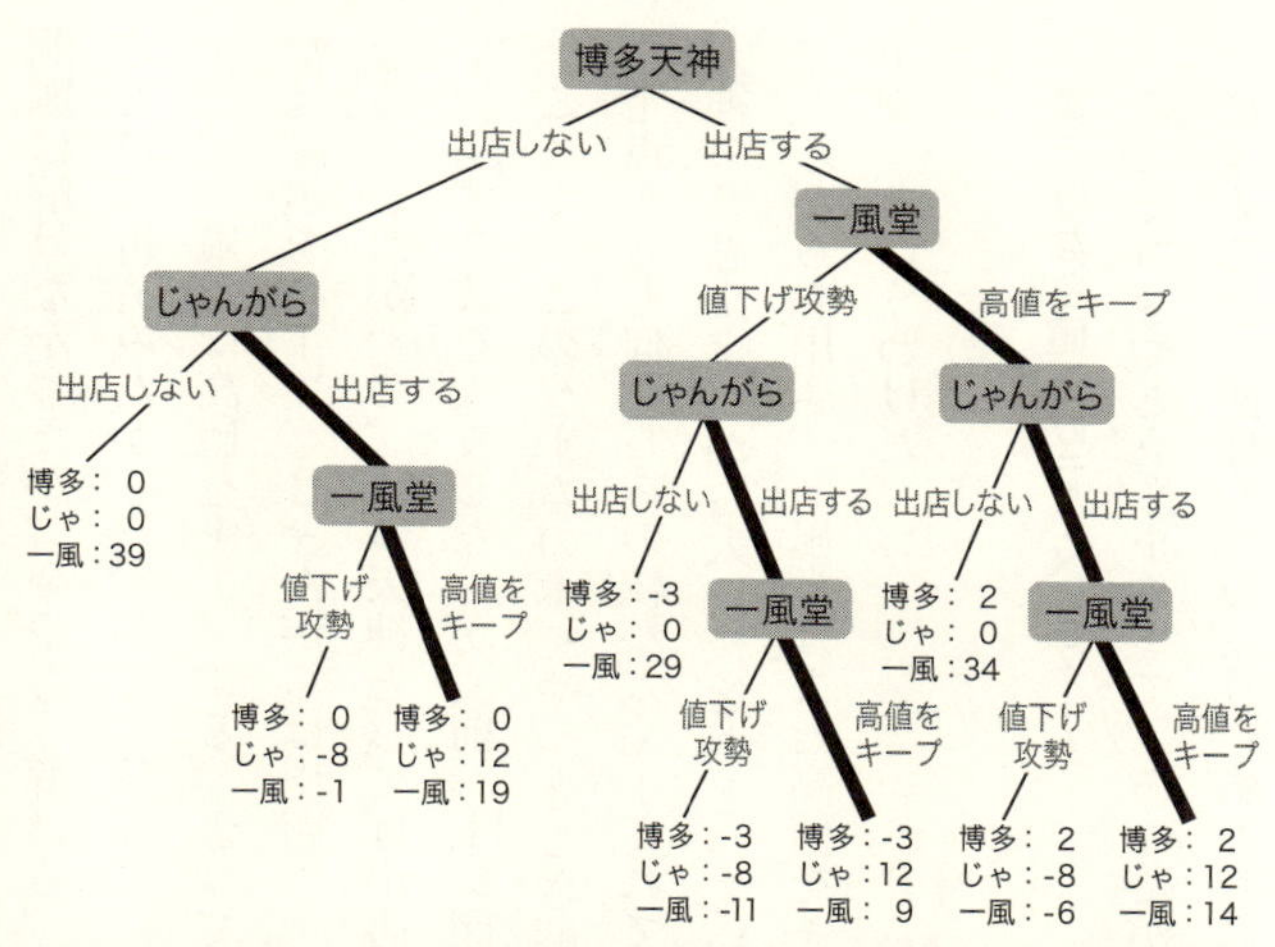

図5-11　14と9を比べて，一風堂は「高値をキープ」を選択

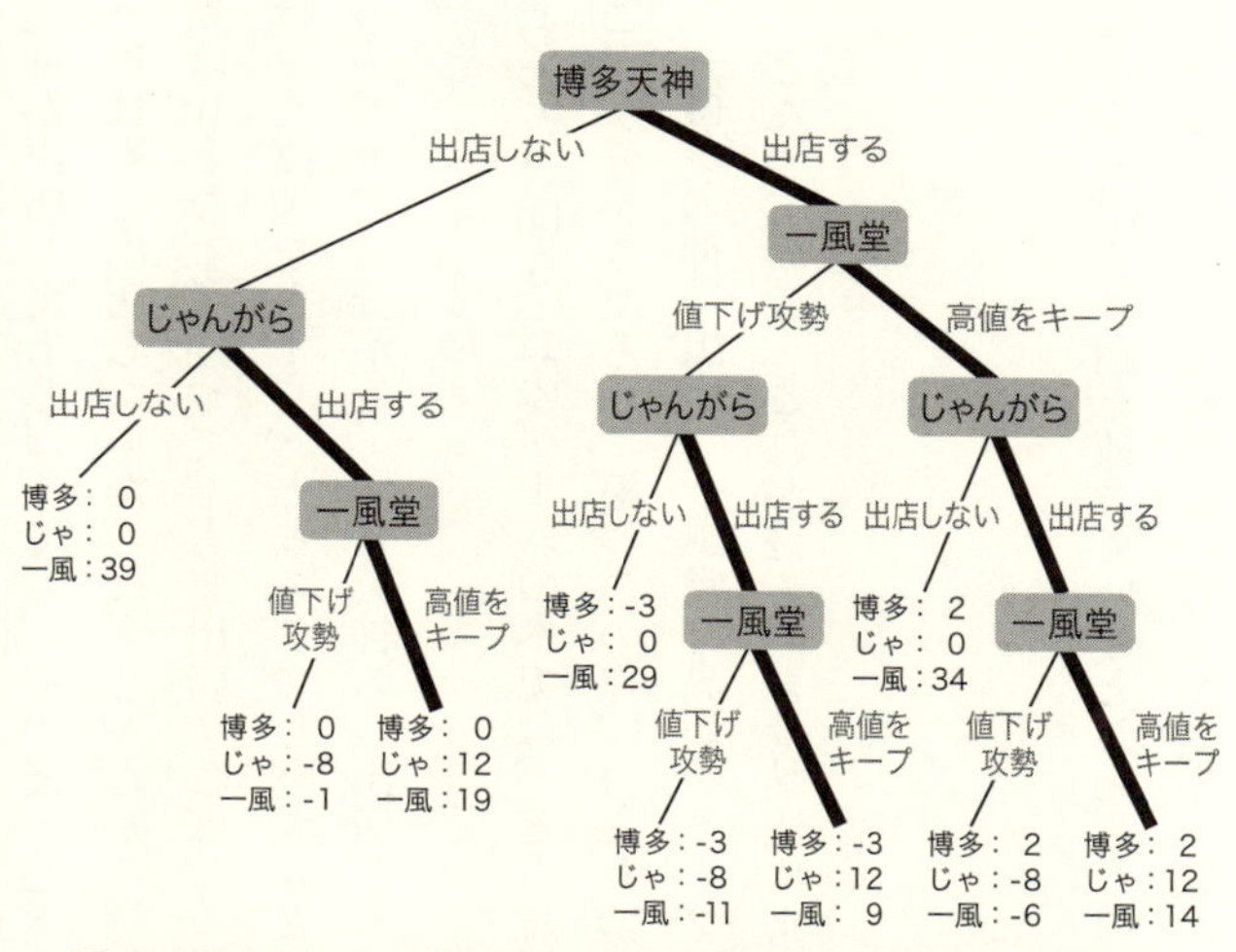

図5-12　2と0を比べて，博多天神は「出店する」を選択

問題は解けなかったが、今やもう解ける。博多天神が出店してもしなくても、その後に起きることは分析済みだからだ。詳しく言うと、博多天神はもし出店しないならば、じゃんがらは出店し、一風堂は高値をキープする。よって、利潤は0となる。翻って、もし出店すれば、一風堂は高値をキープ、じゃんがらは出店、一風堂はまた高値をキープ、となるので、利潤は2となる。したがって、博多天神としては出店するのが得策だと分かる。博多天神の「出店する」に相当する枝を太くしたのが、前ページ図5-12のゲームの木だ。

これで、このゲームの木をやっとこさ解き終わった。図5-12のゲームの木では、どの意思決定点からも何かしらの枝が太く示されていることが分かるだろう。根っこの点、つまり博多天神の意思決定点から太い枝をたどっていくと、「博多天神は出店、一風堂は高値をキープ、じゃんがらも出店、一風堂はまた高値をキープ」となっている。これが後ろ向き帰納法による予測、というわけだ。

値下げなら値下げラーメンゲーム

ここでちょっと立ち止まって、あなたがじゃんがらの出店計画を練っているとしたらどのように考えるか、想像してみよう。あなたは丹念に市場分析をして利潤を計算した結果、先ほどの後ろ向き帰納法の結論にたどり着く。そこでもう一度、自分が置かれるかもしれない三つのシナリオを考えてみる。

シナリオ1　バークレーで博多天神が出店、一風堂は高値をキープ

このシナリオでは、後ろ向き帰納法の予測通りの結果が起きている。だから、あなたは、「うん、予想通り」と言って出店するだろう。

シナリオ2　バークレーで博多天神が出店しなかった！

この場合、あなたはびっくりするかもしれない。「うーん、博多天神のやってることは理解に苦しむなぁ、ちゃんと利潤を計算すれば、出店した方がいいって分かるはずなのに！計算間違いでもしたのだろうか？でも、そんなことはもはや関係ない。今直面している一風堂との勝負のことだけを考えよう。よし、出店だ！」

シナリオ3　バークレーで博多天神が出店したところ、一風堂が値下げ攻勢を仕掛けてきた！

このシナリオでも、あなたはびっくりする。今度は理解に苦しむのは、一風堂の方だ。そしてあなたは次にサンフランシスコでまさにその一風堂と対決する。出店した場合、一風堂は本当に高値をキープするだろうか。それとも、バークレーでの値下げ攻勢は一風堂がいつでも徹底抗戦をしてくることを表しているから、サンフランシスコでもやはり値下げ攻勢を仕掛けてくると予想すべきだろうか。

ここで、話のポイントを一番分かりやすく伝えるために、「一風堂はバークレーで値下げ攻勢を実際に仕掛けた場合のみサンフランシスコでも値下げ攻勢を仕掛けるが、その他の場合は(後ろ向き帰納法の予測通り)高値をキープする」と仮定して、その仮定のもとで後ろ向き帰納法を使った予測をしてみよう。この仮定を描いたのが、左ページのゲームの木だ。これまでのゲームとの区別のために、この新しい仮定に基づくゲームを「値下げなら値下げラーメンゲーム」と呼ぼう。一風堂はバークレーで値下げ攻勢を仕掛けるなら、サンフランシスコでも値下げ攻勢を仕掛けるからだ。そして、この一風堂の行動に関する仮定をもとにして、後ろ向き帰納法を使って各ラーメン店がどのような意思決定をするかを予測しよう。次のページに答えがあるので、皆さんにはここで実際に自分で左ページのゲームの木の枝に太線を塗って予測をしてもらいたい。予測ができたら、ページをめくってみよう。

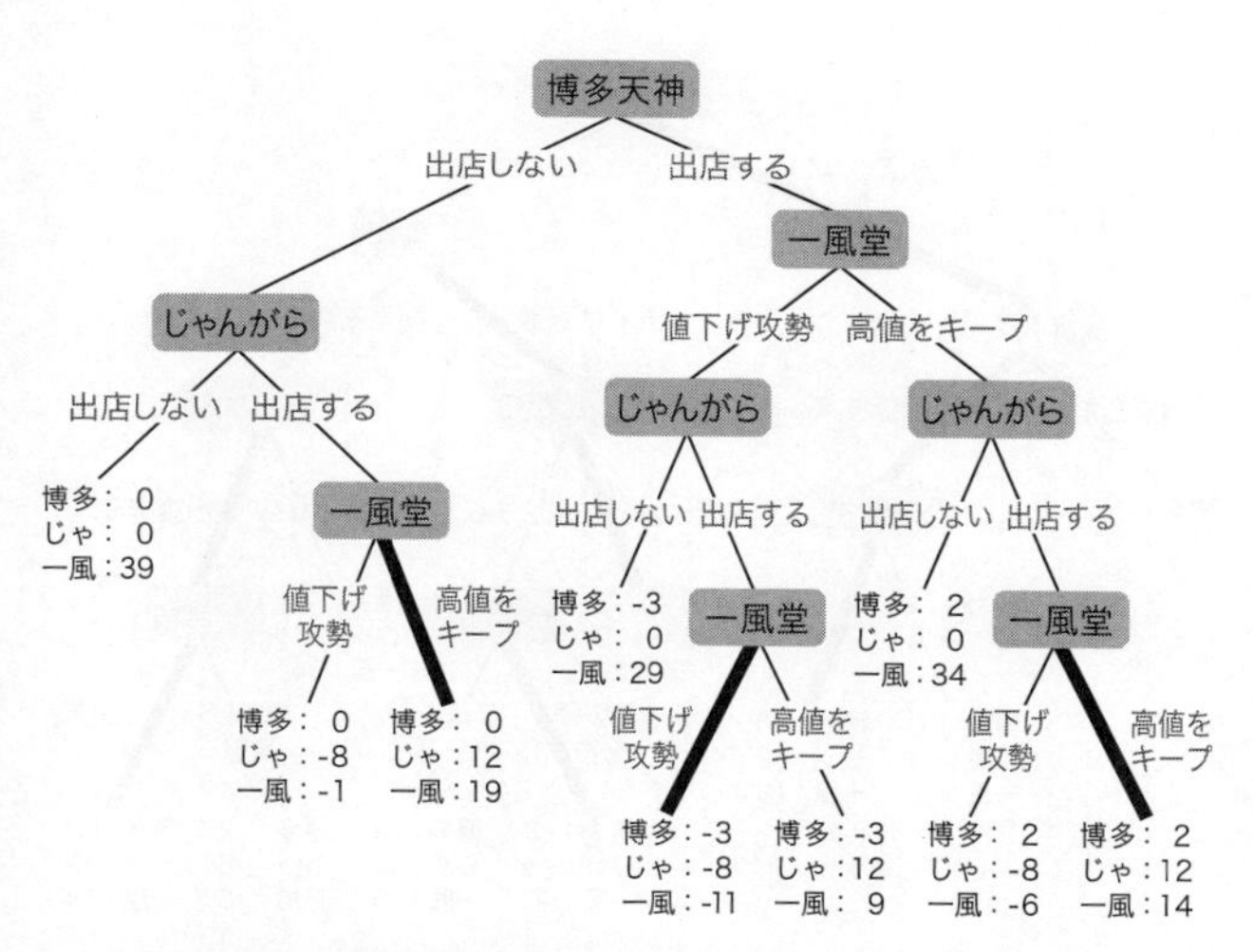

図 5-13　値下げなら値下げラーメンゲームにおける仮定．一風堂は，バークレーで値下げ攻勢した場合のみ，サンフランシスコで値下げ攻勢を仕掛けるとする

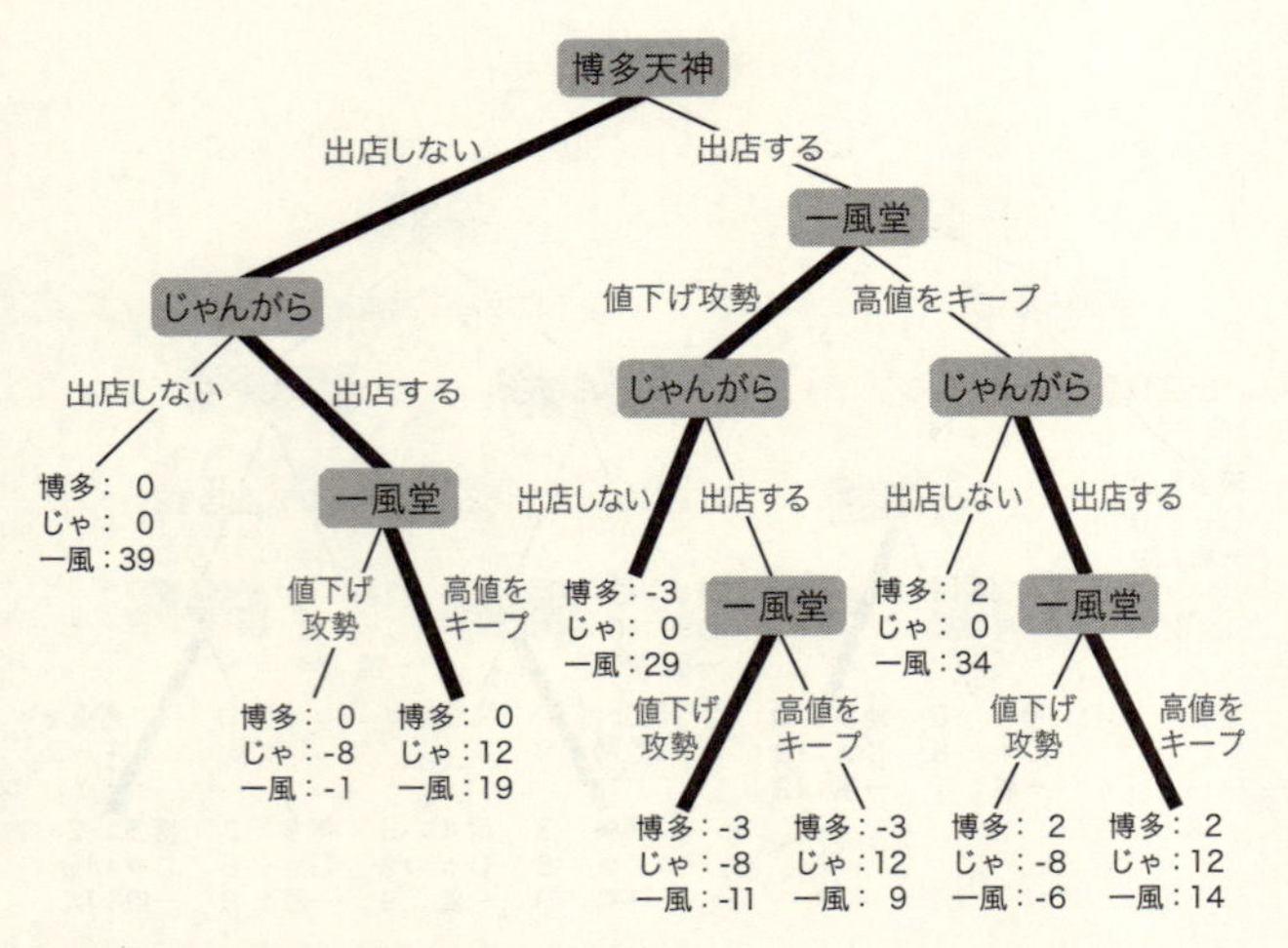

図 5-14　値下げなら値下げラーメンゲームを後ろ向き帰納法で解いて得られる予測

右ページの図５‐14が、答えだ。つまり、値下げなら値下げラーメンゲームでは、博多天神は出店しないと予測されるのである。

なぜこうなるか。直観的には、こんな理由だ。一風堂はバークレーで値下げ攻勢を仕掛けることで、サンフランシスコでもそうするとじゃんがらを信じ込ませられる（と、我々は仮定している）。一方、バークレーで高値をキープしてしまうとサンフランシスコでも高値をキープするだろうと思われて、じゃんがらに出店されてしまう。だから、じゃんがらに出店させなくするためにバークレーで値下げ攻勢を仕掛けるのだ。そうするとバークレーで利潤は一時的に落ちるけれども、もっと大きい市場のサンフランシスコでその損失を挽回できる。そして博多天神としては、出店しようものなら一風堂がこのように考えてあえて値下げ攻勢を仕掛けてくると分かっているから、出店しないでおく方が得策なのである。

市場分析と、利潤最大化（の知識）の仮定

この議論には、三つの重要なメッセージが込められている。まず一つ目。ある新規参入企業（ここでいう博多天神）があって、それは一つの市場（ここでいうバークレー）にしか参入する可能性がないとする。そうであっても、それはその市場のことだけを考えればいいということ

とを必ずしも意味しない。もしその市場での競合他社(ここでいう一風堂)が他の市場(ここでいうサンフランシスコ)でもビジネスを展開している場合は、その競合他社の現市場での意思決定がその「他の市場」で起きることにどのような影響を与えるかも、慎重に考えなくてはいけないのだ。

二つ目のメッセージは、他社が利潤を最大化していることに関する知識についてである。この点はバークレーでのラーメンゲームにおいても指摘したが、バーサンラーメンゲームではより鮮明にご理解いただけると思うので、再度指摘する。「一風堂はバークレーで値下げ攻勢を実際に仕掛けた場合のみサンフランシスコでも値下げ攻勢を仕掛けるが、その他の場合は(後ろ向き帰納法の予測通り)高値をキープする」という仮定は、バーサンラーメンゲームの分析と比べて、ゲームの木の一番先端のたった一箇所における行動の仮定しか変えていない。しかしその変化が、ゲームの木の根っこの点におけるベストな選択が何たるかを変えたのだ。この理由は、バーサンラーメンゲームにおいて後ろ向き帰納法による予測が、

「博多天神は、一風堂がじゃんがらが一風堂が利潤を最大化すると知っていると知っていると、知っている」

という仮定のもとでのみ妥当だ、ということだ。この長い羅列を一つ崩すだけで、結論がガラ

りと変わるのだ。

これは、ゲームで何が起きるかを分析する際には人々がどのような知識に基づいて行動を決定するかの情報が極めて重要である、ということを示している。さらにこれは、後ろ向き帰納法の有用性はそうした情報に依存する、ということも示している。

ここで、ナッシュ均衡の時のように、

「そんな後ろ向き帰納法は有用ではない！相手のことをよくよく知って利潤を最大化するなんて、非現実的だ！」

という読者には、やはりナッシュ均衡の時と同じように、

「もちろんそうなんだけど、やっぱり基本をおさえておくのが大事なんだ」

と返したい。現に、バーサンラーメンゲームでの後ろ向き帰納法による予測を知っているおかげで、「ではその背後にある知識の仮定を少し変えたらどうなるか」という話ができているのだ。

それに、各社が利潤を最大化しそれを皆がよくよく理解していると仮定した場合には後ろ向き帰納法で唯一の答えが導かれるわけだが、そうでないと仮定すると、困ってしまう。「利潤を最大化しない」もしくは「利潤最大化していることを知らない」とする場合、その代わりに何らかの行動原則および知識の仮定をしないと、何も予測できなくなってしまう。しかし、

「利潤を最大化しない」「利潤最大化していることを知らない」とした瞬間にありとあらゆる可能性が生まれてしまうのである。たとえば、「他社の利潤も気にする」とか、「最悪のケースの利潤があまり低くならないようにする」とか、「96％の確率で相手が利潤最大化をしているが、残り4％では相手が他社の利潤も気にする、と予想する」とかである。

しかし、このような可能性は途方もなくいろいろあってキリがないし、どれが一番もっともらしいかは時と場合によるだろう。だから、「各社が利潤最大化してそれをお互いよくよく理解している場合はこうなります」という基本形が分かっていると、議論を始めやすい。

この利潤最大化や様々な知識の仮定は、よく経済学が批判される源となっている。しかし僕はこの批判が的を射ているとは思わない。そういった仮定に少々納得いかなくとも、「利潤最大化なんて納得いきません、しかもそれを皆がよくよく理解しているなんてありえません。だからこんな分析なんか無意味です」と言って分析を投げ出すのではなく、まず基本形をおさえて、それからその基本形の背後にある仮定が成り立たない場合にどうなるかを考えていく。これが実りある議論の方向性だと思うし、ゲーム理論家たちが必死に取り組んでいることのうちの一つなのである。

一風堂店主とトランプ大統領

少々脱線したが、バーサンラーメンゲームに秘められた三つ目のメッセージについて話そう。値下げなら値下げラーメンゲームでは、一風堂はバークレーで値下げ攻勢を仕掛けることで、サンフランシスコにおいては(実際にじゃんがらが出店してきた場合は損になると分かっているけれども)値下げ攻勢を仕掛けることしかできない状況に自らを追い込んでいる。このように自らの手を縛るような行動を、**コミットメント**と呼ぶ。値下げなら値下げラーメンゲームにおいては、このコミットメントによって、一風堂の利潤は14から19に上がっている。コミットメントは時として有用な手段なのだ。

実はこのコミットメントの話は、もとのラーメンゲームでもできる。もしたとえば(これはゲームのルールに書いていない仮想の話だが)ゲームが始まる前に一風堂が「何が起きても絶対値下げ攻勢を仕掛けます！」と宣言してそれを博多天神に信じ込ませることができたとしたら、博多天神は出店せず、一風堂としては大儲けなのである。

では現実にはどのようにコミットメントを行うことができるだろうか。

たとえばあり得るのは、一風堂の経営陣が、利潤など気にしない、他社参入には必ず値下げ攻勢で応戦する攻撃的な性格の人物を店主に任命することであろう。攻撃的な性格の店主は、実際に博多天神が出店した場合には一風堂に損害をもたらしてしまう。しかしそのような人物を店主に任命することにより、博多天神は恐れ慄(おのの)いて出店を回避するだろう。一風堂の経営陣としては、攻撃的な性格の店主は「出店されようものなら値下げ攻勢を仕掛ける」というコミットメントをするのに役立つ、というわけだ。

他の文脈においても、コミットメントは有用になりうる。たとえば、二〇一六年一一月八日。この日は歴史に残る一日となった。アメリカ大統領選、一般有権者による投票結果により、トランプ政権誕生が確実となった。そして、僕の住むカリフォルニアは混乱と失望に包まれた。選挙前はトランプ氏が本当に勝つなんて(少なくとも僕の周りでは)おそらくほぼ誰も思っていなかったし、どこで誰と話してもトランプ支持者は見当たらなかった。トランプ氏当選確定の翌朝、僕の勤めるビジネススクールでは学長の呼びかけにより教職員と学生の有志で大規模な集会が開かれ、この信じ難い非常事態に対する思いを共有し合った。トランプ大統領当選は、少なくとも国内的に見て、望ましくない要素がかなり大きいと思う。対外的にも、もし他国がトランプ氏を過度に挑発しようものなら、何が起きるか分からない。僕も、普段は政治的発言は控えているのだが、この選挙の時は「Economists against Trump(トランプに反対の経済学者)」というインターネット上の署名に参加した。しかし、強硬な対外政策をとるタカ派の大統領を任命することは、外交政策におけるコミットメントとして役立っているのかもしれない。「一風堂の経営陣」をアメリカ国民、「攻撃的な性格の店主」をトランプ大統領と置き換えて考えていただくと、お分かりいただけると思う。

ところで、ラーメンゲームの詳しい解説に入る前に、甘味料市場の話をした。ニュトラスウィートが所有していた特許がヨーロッパ及びカナダで切れるので、オランダ甘味料カンパニーがビジネスチャンスをうかがう、というものだ。そこで僕は、「結局オランダ甘味料カンパニーは甘味料市場に参入、そして二社は激しい価格競争に陥った」と説明した。

実はこの話はもう少し複雑だった。ヨーロッパとカナダでの特許が切れる約六年後に、今度はアメリカで特許が切れる。ニュトラスウィートはもしかしたらこの大市場を擁するアメリカでまた別の新規参入者と対決しなければいけないかもしれない、という立場にいたのだ。「ヨーロッパ／カナダ」をバークレー、「アメリカ」をサンフランシスコと置き換えると、これはちょうど我々のバーサンラーメンゲームと似通った状況だったのである。

現実にヨーロッパ及びカナダで起きたことは、実は後ろ向き帰納法の結論（オランダ甘味料カンパニーは参入し、ニュトラスウィートは高値をキープする）とは異なる（ちなみに、値下げなら値下げラーメンゲームの結論とも異なる)。だからこそ、ではなぜそうなったのか、オランダ甘味料カンパニーは何を考えて参入したのか、ニュトラスウィートは何を考えて値下げ攻勢を仕掛けたのか、といった話が、できるのである。

第6章

不完全情報ゲームと完全ベイジアン均衡，そして前向き帰納法

過去について考える

ついに本書も最終章だ．この第6章では，過去になされた意思決定が観察されないかもしれないケースを考える．画家が絵を描くべきかという問題と，あおいちゃんがデートに行くべきかという問題を使って，「完全ベイジアン均衡」「前向き帰納法」という概念を学んでいく．この章を読み切れば，あなたもゲーム理論入門の入門をクリアだ！

前章のタイトルは、「完全情報ゲームと後ろ向き帰納法」だった。そういえば、「完全情報ゲーム」とは何なのか、説明していない。あらごめんなさい。

「情報が完全である」とは、「すべての意思決定者がすべての意思決定時点において、それまでに起きたことをすべて観察できる」ことを指す。一方、この条件が満たされていない場合を「情報が不完全である」という。情報が完全なゲームを**完全情報ゲーム**と呼び、情報が不完全なゲームを**不完全情報ゲーム**と呼ぶ。

前章で考えたラーメンに関わるゲームはすべて、完全情報ゲームだった。たとえば、じゃんがらは意思決定段階において、バークレーで起きたことがすっかりよく分かっているからである。そしてこれがまさしく、もしかしたら一風堂がバークレーで値下げ攻勢を仕掛けたくなるかもしれない理由だった。もしバークレーで何が起きたかをじゃんがらが観察できないならば、一風堂がわざわざ損失を被ってまでバークレーで値下げ攻勢を仕掛けても、意味ないでしょ?

ゲームの木に装飾を

このように過去の意思決定が完全に観察できない場合には、ゲームの木にちょっとした装飾を施すことになる。たとえば、バーサンラーメンゲームにおいてじゃんがらがバークレーで起きたことを観察できない状況は、次ページの図6-1のように楕円形を描き足すことで表す。

この不恰好な楕円形は、「じゃんがらが三つの意思決定点のどこにいるのか分からない」ということを示している。この楕円形のことを、**情報セット**という。じゃんがらが同じ情報を持っている意思決定点を集めてセットにしているからだ。情報セットは、何もある意思決定者（ここではじゃんがら）のすべての意思決定点をセットにしている必要はない。たとえば、「じゃんがらはバークレーで博多天神が出店したかしていないかは知っているが、出店した場合どのような価格競争が繰り広げられたかは分からない」という状況を表すには、図6-2のように楕円を描き加えることになる。

本章では、このように情報セットがあるような不完全情報ゲームにおいてどのようにゲームの行方を予測できるかについて、理解を深める。情報が重要なことは、前章冒頭のじゃんけんの例で少し述べた。本章ではこの点をもっと詳しく見ていくことになる。バーサンラーメンゲームは結構複雑なので、もう少し簡単な以下の例を考えてみよう。

センスのない金持ち

画家の師匠、その画家の少し生意気な弟子、そして成金の大金持ちが繰り広げるゲームを考

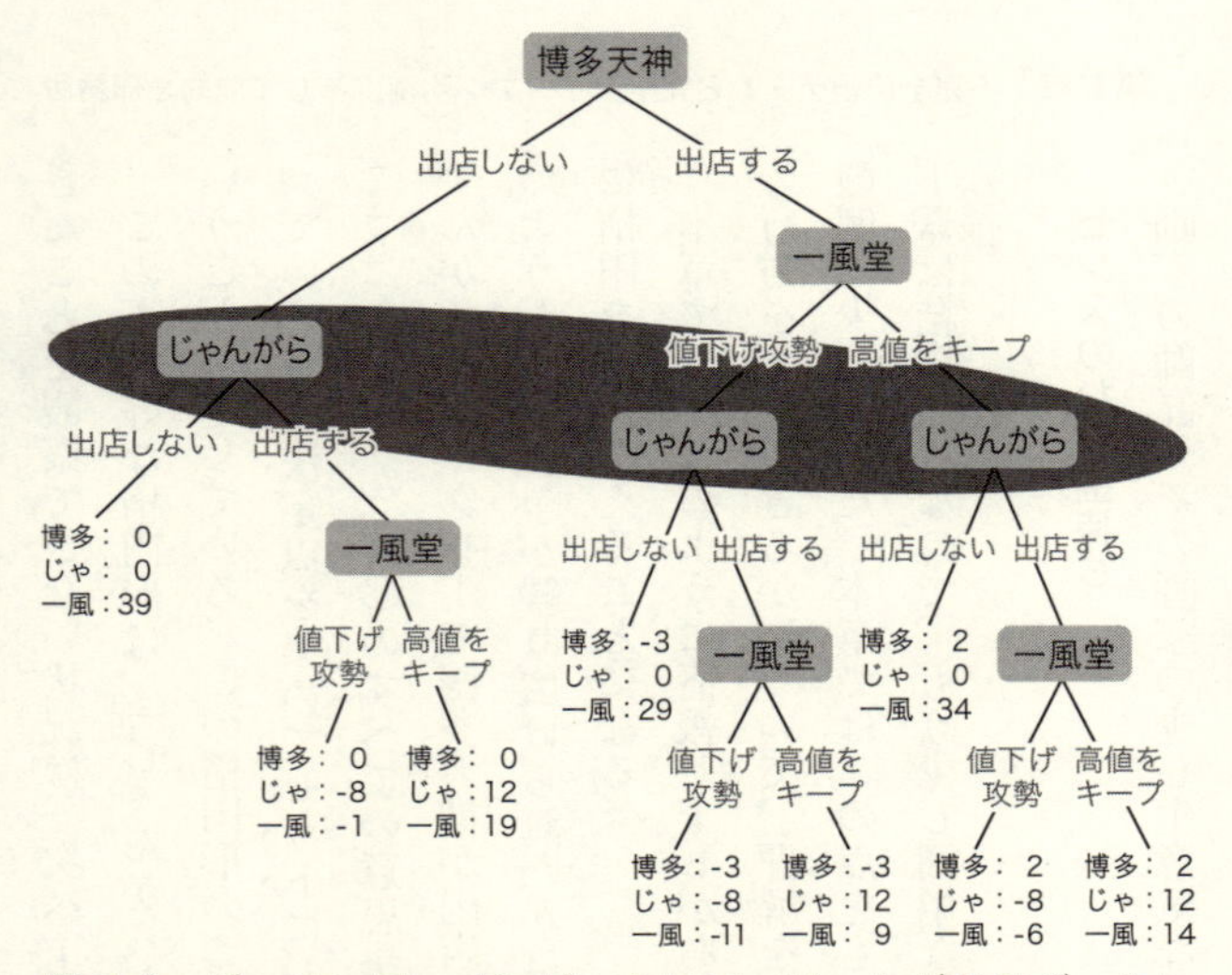

図 6-1　バーサンラーメンゲームにて，じゃんがらにバークレーで起きたことが分からないケース

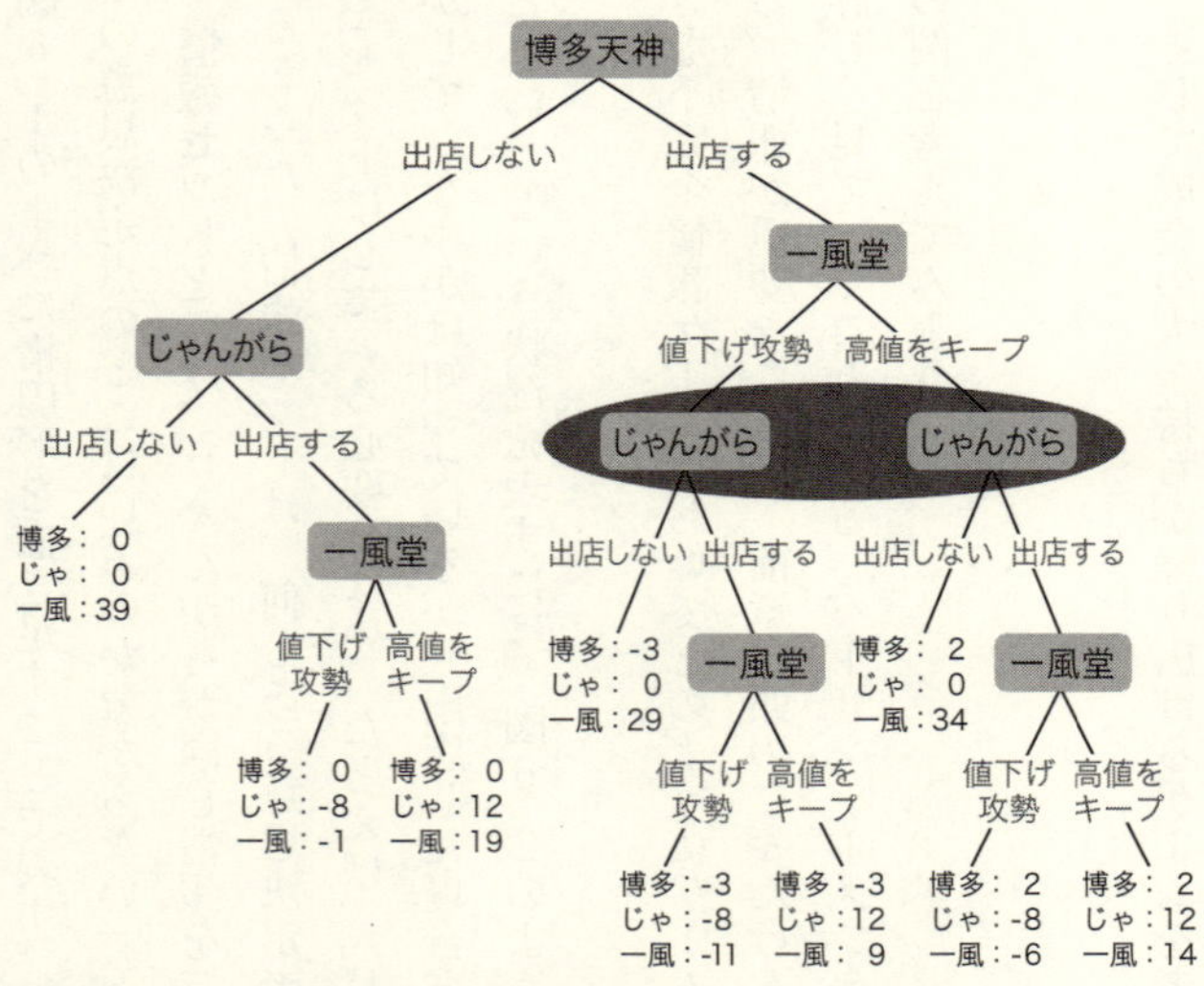

図 6-2　バーサンラーメンゲームにて，じゃんがらはバークレーで博多天神が出店したかどうかは分かるが，出店した場合どのような価格競争があったかは分からないケース

える。金持ちは、画家師匠に自宅の応接間に飾る絵を依頼した。まず師匠は、言われた通り自分で描くか、弟子に仕事を丸投げするかを選ぶ。仕事を託された弟子は、師匠に言われた通りに絵を代理で描くか、（生意気なので）仕事を放ったらかしにして何も描かないかを選ぶ。師匠が描くか弟子が描くかした場合絵は一応完成を見るわけだが、そのどちらの場合でも、弟子が金持ちに絵を持っていく。金持ちは届いた絵の出来栄えを見て（実際誰が描いたかは見ずに）買うか買わないかを選ぶのだが、芸術のセンスがないので絵を見ても誰が描いたかは分からない。

金持ちが絵を買う場合には代金は100万円。師匠は自分が描けばこの100万円を独り占めするが、もし弟子に描かせた場合は50万円を褒美として弟子にやり、残りの50万円は懐に入れる。彼らはそれぞれ、絵を描く場合には時間を割き努力をするが、その価値は師匠は60万円分、弟子は30万円分とする。つまりたとえば弟子が絵を描いてそれが売れた場合は、師匠は50万円、弟子は20万円（50万円マイナス30万円）儲かる、というわけだ。もし売れなかったら、師匠は0万円、弟子は−30万円、となる。

金持ちの方は、自分では絵の価値は分からないが、たまに商談に来る相手が絵に詳しい。彼らが絵を気に入れば、金持ちは「話の分かる人だ、信頼できる」と思われ、それがビジネスチャンスにつながる可能性がある。一方、商談相手が絵を気に入らなければ、金持ちは「こんな絵を飾るなんて、ダメなやつだ」と思われ、ビジネスチャンスを失いかねない。このように絵の評価がビジネスチャンスに影響を及ぼす確率は低いが、一つ一つのビジネスチャンスには莫大な利益が絡む。ここでは師匠の絵を飾った場合には平均1千万円分の収益を得るとしよう。翻って弟子の絵を飾った場合には、平均1千万円の損失を被るとする(これらの損得は、絵の代金100万円を引いた後のものとする)。このゲームを、「画家ゲーム」と呼ぶことにする。

この状況をゲームの木に描くと、左ページのようになる。金持ちには二つの意思決定点があるが、それらを見分けられないので一つの情報セットに入れておかなければいけない、ということに注意されたい。

このゲームの木を見て、あれ?と思われた方がいるかもしれない。ラーメンゲームの話をしていた時にはゲームの木の一番上に根っこの点があった。今この画家ゲームには、根っこの点が一番左にある。実はこれには大した意味はなくて、ゲームの木はどの向きに描いても構わない。ただ、どの向きに描いても構いませんよ、と言うためにちょっと違う角度で描いてみた、というだけだ。

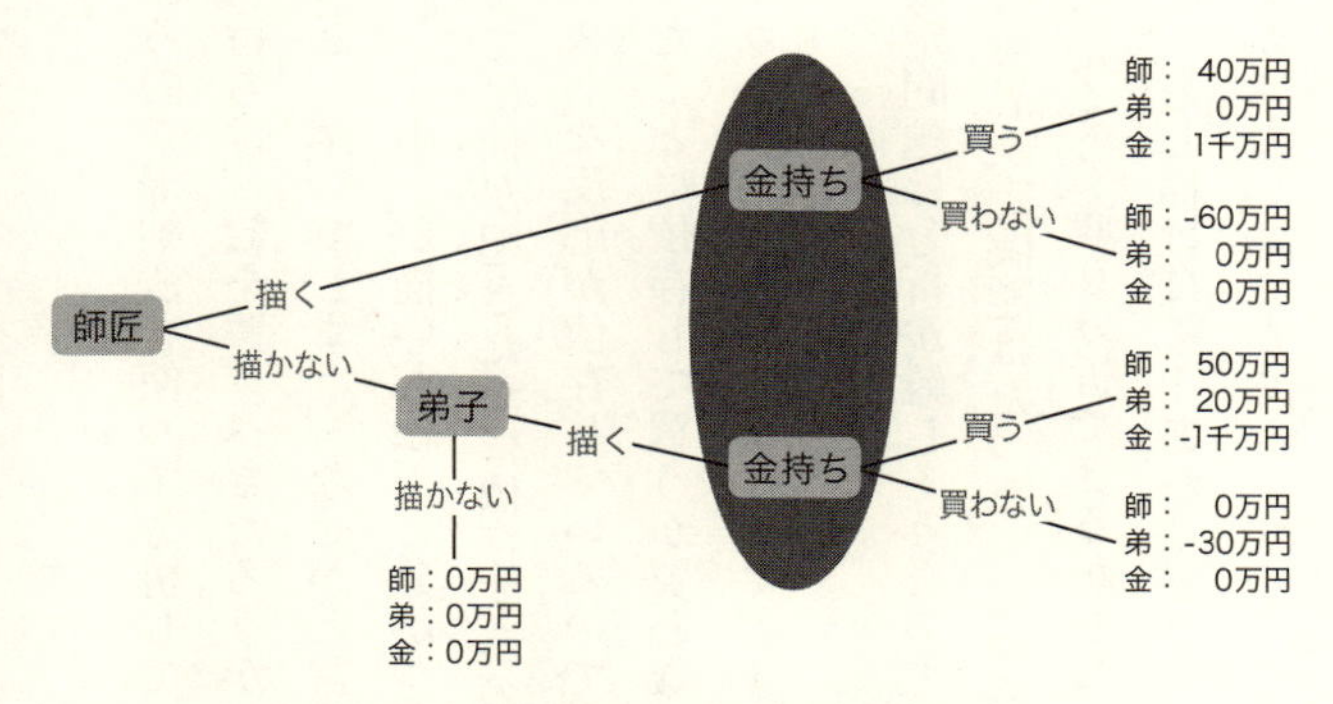

図6-3　画家ゲームのゲームの木

画家ゲームを解こうとすると…

では、このゲームの木を後ろ向き帰納法を使って分析してみよう。一番将来にある意思決定問題は、金持ちのそれだ。金持ちは、絵を買うべきだろうか、買わないべきだろうか。

この問題に答えようとすると、困ってしまう。なぜかと言うと、金持ちは師匠が描いた絵だと分かっているなら買いたいし、弟子が描いた絵だと分かっているなら買いたくないからだ。何がベストな反応かは、今までに何が起きたかに依存するのである。つまり、「二つの意思決定点のどちらにいるか」にベストな反応が依存しているのである。しかし金持ちには絵の品定めができないので、そういったことに依存して買うか買わないかを決めることはできない。このようなことは情報セットがなかったラーメンゲームやバーサンラーメンゲームでは関係なかったことに注意されたい。

さて、この金持ちの意思決定問題は分析が難しそうなので、次に遠い将来の、弟子の意思決定問題を考えてみよう。この意思決定問題はたった一点から成り立っているので(情報セットなど考える必要がないので)、今まで通り分析できるかもしれない。まず、弟子は絵を描かなければ0万円の儲けだ。次に、もし描けば……あれ?どうなるか、分からないじゃないか。金持ちが買うか買わないか、分からないのだから。

同様に、師匠の意思決定問題も分析は難しそうだ。

というわけで、どうやら後ろ向き帰納法は使えそうにない。仕方がない、とりあえずナッシュ均衡を考えてみよう。

この画家ゲームには、師匠に二つ、弟子に二つ、金持ちに二つ、の行動の選択肢がそれぞれある。だから、合計八通り（２×２×２）の状態の可能性がある。それらをしらみ潰しに調べたのが、次ページの表だ。八通りの可能性のそれぞれについて、もしベストな反応をしていない人がいた場合、その人の行動を濃く塗ってある。たとえば一つ目の可能性「師匠描く、弟子描く、金持ち買う」では、師匠の「描く」が濃く塗ってある。これは、もし弟子が描いて金持ちが買ってくれるなら、師匠としては弟子に仕事を丸投げすれば儲けを40万円から50万円に増やすことができるからだ。

ナッシュ均衡の定義より、三者の行動どれも濃く塗られていないのが、ナッシュ均衡である。表によると、二つのナッシュ均衡があることが分かる。この二つのナッシュ均衡のうち、どちらがよりもっともらしいだろうか。

金持ちは、お値打ちの絵を買えるか？

	師匠	弟子	金持ち
1	描く	描く	買う
2	描く	描く	買わない
3	描く	描かない	買う
4	描く	描かない	買わない
5	描かない	描く	買う
6	描かない	描く	買わない
7	描かない	描かない	買う
8	描かない	描かない	買わない

第一のナッシュ均衡 → 3
第二のナッシュ均衡 → 8

図 6-4　画家ゲームでの 8 つの可能性

まず、第一のナッシュ均衡について考えよう。金持ちは、出来上がってくる絵は師匠作なのだから、これは買っておいた方がいい。師匠は、金持ちが買って弟子が描かない以上、自分で描いた方がいい。問題は、弟子だ。弟子は、師匠が描く以上自分の番は回ってこないので、「描く」を選ぼうが「描かない」を選ぼうが関係ない。どちらにしろ実際には描かないのだから。そんなわけで、「描かない」はベストな反応の一つだ。

しかし、だ。もし仮に、師匠が絵を描かなかったとする。すると、弟子としては描かなければ儲けはゼロだが、描けば20万円の儲けがある。金持ちは師匠が実は描かなかったなんてことは知らずに、師匠が描いた絵だと信じ込んで絵を買うからだ！

これは、ラーメンゲームにおいて「博多天神が出店せずに一風堂が値下げ攻勢を仕掛ける」のがナッシュ均衡だったが後ろ向き帰納法の答えではなかったのとよく似ている。一風堂としては博多天神が出店しないのなら「高値をキープ」を選ぼうが「値下げ攻勢」を選ぼうがどちらでもよくて、それが理由でこれはナッシュ均衡なのだが、もし仮に博多天神が出店してきたとしたら、値下げ攻勢を仕掛けるのはよくない考えなのである。

というわけで、この第一のナッシュ均衡はできれば予測からは排除しておきたい。ラーメンゲームのときは後ろ向き帰納法を使ってこれを達成したが、画家ゲームでは後ろ向き帰納法が使えないことは確認済みだ。

　では、どうしたらこの第一のナッシュ均衡を予測せずに済むだろうか。ここで、ラーメンゲームでも画家ゲームでも、一旦ナッシュ均衡を考えて、それをよくよく考えてみると、誰か（ラーメンゲームなら一風堂、画家ゲームなら弟子）の行動（「値下げ攻勢」、「絵を描かない」）が実は、仮にその人が意思決定する機会がやってきたとしたらベストな反応ではないということに気づいた、ということを思い出そう。そこで、次のような条件を考えてみよう。

「ナッシュ均衡で、どの意思決定者も、自分の番が仮に回ってきたとしても、他の意思決定者が今後することに対してベストな反応をしている」

　これをラーメンゲームに当てはめると、博多天神が出店せずに一風堂が値下げ攻勢を仕掛けるのはナッシュ均衡なのだが、「どの意思決定者も、自分の番が仮に回ってきたとしても、他の意思決定者が今後することに対してベストな反応をしている」という性質が一風堂について成り立っていないため、予測から排除できる。画家ゲームでは、「師匠が絵を描き、弟子は（たとえ師匠が描かなかったとしても）描かず、金持ちは買う」というナッシュ均衡は、「どの意思決定者も、自分の番が仮に回ってきたとしても、他の意思決定者が今後することに対してベストな反応をしている」という性質が弟子について成り立っていないため、予測から排除できる、というわけだ。

画家ゲームにはもう一つ注意すべき点がある。金持ちにとっては、「他の意思決定者が今後すること」というのはそもそも何もないのだが（最後に意思決定するのが金持ちなので）、他の意思決定者が今までしてきたことが自分のベストな意思決定に影響を与えることは、これまでにも議論してきた通りだ。もう少し詳しく言うと、自分の情報セットの中の意思決定点のどちらがどれくらいの確率になっていそうかが、自分がベストな意思決定をする上で欠かせない情報になっている。

今考えている「師匠が絵を描き、弟子は（たとえ師匠が描かなかったとしても）描かず、金持ちは買う」というナッシュ均衡では、予定通り事が運べばたしかに金持ちには自分の番がやってきて、その場合は絵を書いたのは師匠だ。だから、師匠が絵を描いたあとの意思決定点にいる確率は100％だと金持ちが思う、ということにしておいて良さそうだろう。そしてそうしたならば確かに、「買う」を選ぶのはベストな反応だ。

さて、ここまでで「師匠が絵を描き、弟子は（たとえ師匠が描かなかったとしても）描かず、金持ちは買う」というナッシュ均衡はどうやらもっともらしくないことは分かってきたが、そこであなたは、「じゃあ、弟子は絵を描かないいんじゃなくて、描くことにすればいいじゃないか！金持ちは絵を買うんだから、弟子は自分の番がきたら、絵を描きたいんだろう？」と思うかもしれない。しかし、この「師匠が絵を描き、弟子も（師匠が描かなかった場合）絵を描き、金持ちは買う」というのは、140ページの表中1番で確認した通り、ナッシュ均衡ですらない。弟子が描いて金持ちが買ってくれるのなら、師匠は描きたくなるからだ。

届いてしまった絵

そろそろ二番目のナッシュ均衡の話をしよう。これは、「誰も絵を描かず、金持ちは（たとえ絵が届いたとしても）買わない」というものだった。これだと、金持ちは買わないので師匠は絵を描かないし、弟子も同じ理由で描かない。金持ちは、どうせ絵は届かないので、「買う」を選んでも「買わない」を選んでも関係ない。だから、「買わない」のも一つのベストな反応だ。

では、金持ちは「自分の番が仮に回ってきたとしても、他の意思決定者が今後することにベストな反応をしている」だろうか。先ほど第一のナッシュ均衡について議論した時には師匠が絵を描いていたので、金持ちは師匠が絵を描いた後の意思決定点にいる確率を100％だと思えた。そしてそれをもとに、金持ちが買うのは確かにベストな反応だと結論づけた。しかし第二のナッシュ均衡では、金持ちには絵は届かないので、金持ちには購入するか決定する機会がやってこない。金持ちはどのように自分の情報セットの中の意思決定点に確率を割り振り、どのようなベストな反応をするだろうか。

これを理解するために、「誰も絵を描かず、金持ちは（たとえ絵が届いたとしても）買わない」ということを金持ちが予想しているときに、仮に絵が届いたとしよう。金持ちは、どの意思決定点にどれくらいの確率でいるのかを判断するために、何かしらの仮説を立てることになる。

仮説1、師匠が間違えた場合　師匠は描かないはずだったのに、儲けの計算を間違えたかなんかで絵を描いてしまった！だから、師匠が描いた後の意思決定点に100％を割り振ろう。

仮説2、弟子が間違えた場合　弟子は描かないはずだったのに、儲けの計算を間違えたかなんかで絵を描いてしまった！だから、弟子が描いた後の意思決定点に100％を割り振ろう。

仮説3、師匠が間違えたのかもしれないし弟子が間違えたのかもしれない場合　おそらくどちらかが間違えたのだけれども、どちらか分からない。でも弟子の方がおっちょこちょいだから弟子が間違えた可能性の方が高いかも。師匠が間違える確率を1％、弟子が間違える確率を3％とすると、師匠が描いた後の意思決定点にいる確率は0.01、弟子が描いた後の意思決定点にいる確率は 0.99×0.03＝0.0297。だから、絵が届いた今、この絵が師匠が描いたものである確率は0.01/(0.01＋0.0297)＝0.252、よって弟子が描いたものである確率は0.748である。

仮説4、自分が間違っていた場合　そもそも自分の予想していたのと違うナッシュ均衡をあの画家たちは念頭において行動しているのかも。その場合、師匠が絵を描くはずだから、師匠が描いた後の意思決定点に100％を割り振ろう。

こう考えていくと、可能性はいろいろある。でも、どれもこれも、抜きん出て一番グッとくる説明はないようだ。だからこういう場合には、「何でもいいから確率を適当に割り振る」ということにする。つまり、以下のように確率を割り振ることにしよう。

「もしナッシュ均衡において自分の情報セットで実際に意思決定をする場合は、ナッシュ均衡通りに確率を割り振る(これは第一のナッシュ均衡で、師匠が描いた後の意思決定点に金持ちが確率100％を割り振ったことに対応している)。

しかし、もしナッシュ均衡において自分の情報セットで実際に意思決定をしない場合は、ナッシュ均衡通りに確率を割り振るということがそもそもできないので、何でもいいから確率を割り振ることにする。」

そして、何かしらの確率の割り振り方があって、それによると意思決定者全員が各自にとってベストな反応をしている場合、それを均衡と呼ぶことにしよう。

ここで細かい注意だが、今、あたかもすべての意思決定者に情報セットがあるかのような書き方をした。画家ゲームでは金持ちには情報セットがあるが、「たとえば師匠には情報セットがないじゃないか！」と思われるかもしれない。ここでは便宜上、師匠には「師匠のただ一つの意思決定点からのみなる情報セットがある」と思うことにしよう。弟子についても同様で、弟子には「弟子のただ一つの意思決定点のみからなる情報セットがある」と思うこととする。

さて、この先ほど「均衡」と呼んだものを、専門用語で**完全ベイジアン均衡**と呼ぶ。なぜ「完全」かというと、実際に意思決定がなされる情報セットのみならずすべての情報セットで意思決定者がベストな反応をしていなければいけないからだ。この性質は、ナッシュ均衡では満たされていなくてもよかった。たしかに、第一のナッシュ均衡ではベストな反応が「完全」ではない。弟子が仮に自分の情報セットで意思決定をすることになった場合に、ベストな反応をしていなかったから。

「ベイジアン」とは、「ナッシュ均衡において仮に自分の情報セットで実際に意思決定をする場合はナッシュ均衡通りに確率を割り振るが、他の場合はどんな確率を割り振ってもよい」というやり方を指している。このやり方を統計学の言葉で「ベイジアン」と呼ぶのだ。

届かない絵

では、話を戻して、第二のナッシュ均衡が「完全ベイジアン均衡」になっているかを考えよう。すでに師匠と弟子が各々の情報セットで実際に意思決定をするときにベストな反応をしていることは確認済みなので、あとは金持ちが実際に意思決定をする段になったと仮定して、金持ちが買わないのが確かにベストな反応になるような意思決定点への確率の割り振り方があるかを考える。

そこで、金持ちの直面する問題を思い出そう。金持ちは、もし師匠が描いた絵なら買いたいが、弟子が描いた絵なら買いたくない。だから、金持ちは高確率で弟子が描いた絵だと信じていれば、買わないのである。たとえば、仮に絵が届いた場合には100％弟子が描いた絵だと思う、とすれば(145ページの「仮説2」に対応)、確かに届いた絵を買わないのは金持ちにとってベストな反応になっている。

師匠の頭の中に戻って考えると、たとえ自ら絵を描いたとしても金持ちに100％弟子が描いた絵だと思われてしまい買ってもらえないので、描かないのである。弟子の方も同様に、たとえ絵を描いたとしても金持ちに100％自分が描いた絵だと思われてしまって買ってもらえないので、描かないのである。

こうして、第二のナッシュ均衡「誰も絵を描かず、金持ちは(たとえ絵が届いたとしても)買わない」は完全ベイジアン均衡になっていて、しかもこれが唯一の完全ベイジアン均衡であることが確かめられたわけだ。

ビジネスにおける完全ベイジアン均衡

ここまで、今まで他の意思決定者が何をしてきたかについて分からないという状況を考えてきた。このような状況は、ビジネスの様々な局面で起こりうる。たとえばあなたの会社に、あるベンチャー企業が新しいソフトウェアの販売営業に来たとしよう。しかし、あなたはそのソフトウェアが実際に誰によってどれくらいの時間をかけて作られたものであるか(そういったことがソフトウェアの性能を左右する)、分からない。でも分からないながら何らかの予想を立てて購入するかどうかの意思決定をしなければいけないし、ベンチャー企業の方も、あなたの会社がそうやって不完全な情報をもとに意思決定をしなければいけないということを念頭に置いて、セールストークをするだろう。

もしくはあなたは車のセールスパーソンで、お客さんが店舗にやって来たとする。もしかしたらそのお客さんにとってはあなたのお店が車の買い替えを思い立ってから訪れる初めての店かもしれないし、はたまたすでに他のブランドのお店をチェック済みかもしれない。あなたはそれらの確率をどう予想するか如何でセールストークを変えた方がいいかもしれないし、お客さんとしても、あなたがそう考えて話していることを加味しつつ購買決定するだろう。

これらのような多岐にわたるビジネスシーンも、ちゃんとゲームの木で描き表すことができる。そして、その分析ツールである「完全ベイジアン均衡」を、僕たちは手に入れたのだ。

あおいと准一の完全ベイジアン均衡

二〇一七年末に、ビッグカップル、宮﨑あおいと岡田准一が結婚した。この二人の結婚は、僕にも嬉しいニュースだった。宮﨑あおいは僕が一番好きな女優だ。彼女がまだそこまで有名でなかった頃〈ケータイ刑事銭形愛〉に出ていた時からのファンだ。岡田准一の主演ドラマ〈木更津キャッツアイ〉はかなりのお気に入りで、映画版をわざわざ一人で観に行ったほどだ。というわけで(?)、この二人がデートに行くのか行かないのか、というゲームを考えよう。

話はこうだ。准一は、あおいをデートに誘った。あおいは、もしデートに行ったならば、准一が告白してくるかもしれないと思っている。そしてもしデートに行くならば、告白された場合にどう返事するかを予め決めておくとする。あおいには三つの選択肢がある。「告白されたらOKと返事する気(OK態勢と呼ぶ)でデートに行く」「告白されたらNGと返事する気(NG態勢と呼ぶ)でデートに行く」「デートにそもそも行かない」の三通りだ。

准一の方は、晴れてあおいがデートに来てくれたならば、告白するかしないかを選ぶ。しかし、あおいがどういう気でデートに来たのか(OK態勢かNG態勢か)は分からないとする。

まず、二人にとって最高の状態は、あおいがOK態勢でデートに来て、准一が告白することだ。これはハッピーエンディングだ。そして最悪なのが、あおいがNG態勢でデートに来て、准一が告白するという気まずい状態だ。あおいがせっかくデートに来たのに准一が告白しない場合は、残念な感じになってしまうので、これはそもそもデートをしないよりは二人にとって悪いとする。

最後に、ここまで書いたことに一つだけ例外があって、もしあおいがOK態勢でデートに行ったのに准一が告白してこない場合、あおいは、

「もう！せっかくOKって言うつもりだったのに！准一の意気地なし！ぷんぷん！」

と怒って超最悪な気持ちになるとする。

このゲームを「デートゲーム」と呼ぼう。まずこれを、ゲームの木で描いてみてほしい。描けたら、次ページを見てみよう。

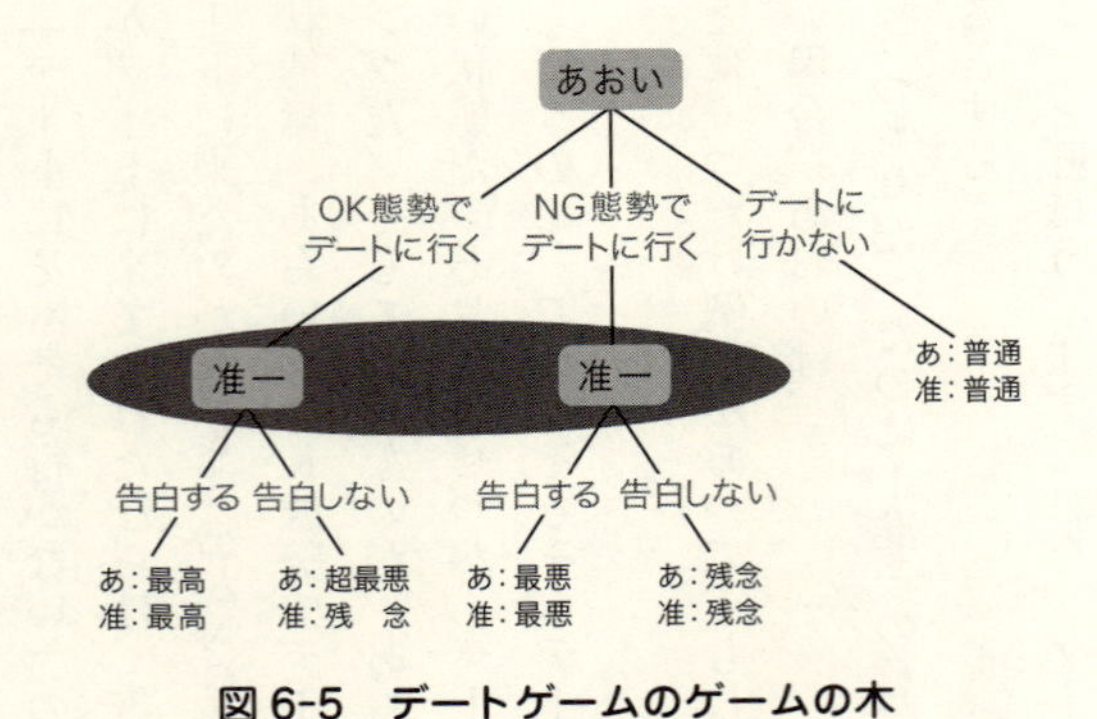

図 6-5　デートゲームのゲームの木

ゲームの木、正しく描けただろうか。では、せっかく完全ベイジアン均衡について学んだので、完全ベイジアン均衡があるか、あるとすれば何か、についてまず考えよう。完全ベイジアン均衡はナッシュ均衡でなくてはいけなかったので、まずは見分けるのが簡単なナッシュ均衡から考えよう。

あおいには三つの選択肢、准一には二つの選択肢があるので、計六通り（3×2）の状態の可能性がある。画家ゲームのときと同様、それらをしらみ潰しに調べたのが次ページの表だ。前回同様、ベストでない行動は濃く塗られており、ナッシュ均衡が二つ示されている。

この二つのナッシュ均衡は、両方とも完全ベイジアン均衡だ。まずこの事実を確かめよう。はじめに、あおいの意思決定点は一つしかなくて、どちらのナッシュ均衡でも、准一の行動に対してベストな反応をしている。

では、准一はどうだろうか。一つ目のナッシュ均衡「あおいはOK態勢、准一は告白する」では、あおいがOK態勢なので、准一はあおいがOK態勢を選んだあとの意思決定点に100％の確率を割り振る。これをもとにすると、やはり告白するのがベストな反応だ。

二つ目のナッシュ均衡「あおいはデートに行かない、准一は告白しない」では、あおいはデートに来ないので、准一の番は回ってこない。こういう場合は、完全ベイジアン均衡において

	あおい	准一
1	OK態勢でデートに行く	告白する
2	OK態勢でデートに行く	告白しない
3	NG態勢でデートに行く	告白する
4	NG態勢でデートに行く	告白しない
5	デートに行かない	告白する
6	デートに行かない	告白しない

第一のナッシュ均衡 → 1
第二のナッシュ均衡 → 6

図 6-6　デートゲームでの 6 つの可能性

は、准一はどのように確率を割り振っても良いのであった。ここでは、准一が「仮にあおいが予想に反してデートに来た場合はNG態勢である確率が十分高い(たとえば100％)」と思っている、とすると、准一にとっては確かに告白しないのがベストな反応である、と分かる。つまりあおいとしては、もしデートに行こうものなら准一にはNG態勢で来ていると思われてしまい告白されないので、それならデートに行かないことにしよう、と考えるのである。

わざわざデートに来たあおいちゃん

さてさて、二つの完全ベイジアン均衡がある。予測としては、どちらも同じくらいもっともらしいだろうか？

ここで、二つ目の完全ベイジアン均衡「あおいはデートに行かない、准一は告白しない」を考えよう。そして、あおいがデートに来ずに「普通」に落ち着くと思っていた准一の脳内で、あおいがデートに来た場合に何が起きるかについて、思いを馳せてみよう。

准一の脳内1　あおいはデートに来ないはずだったのに、来たな。おっちょこちょいだから、よく考えずに間違えたのかな。OK態勢か、NG態勢か、どちらだろう。何かしら確率を割り振らないと。

准一の脳内2　あおいは予想に反してデートに来た。わざわざ来たってことは、それなりに理由があるんだろう。つまり、あおいはデートに来ないよりも良い結果を予想して、デートに来たに違いない。あおいにとっては、デートに来ることで来ないよりも良くなりうるのは、ＯＫ態勢でデートに臨む場合のみだ。だって、ＮＧ態勢でデートに来ても、僕が告白しようがしなかろうが、デートに来ないよりも良い結果は望めないのだから。だから、あおいはＯＫ態勢でデートに来たに違いない。よし、じゃあ告白しよう！

准一の脳内3　あおいは普段は誰から誘われてもデートに来ないことで知られている。でも、デートに来た。きっと、デートに来たならば男というものは告白してくるのかを知りたいから、試しに来てみたのに違いない。もし告白してくると分かれば万々歳、これからはデートに行けばいいし、告白してこないならこれからもデートに行かないことにすればいい、とでも考えているんだろう。で、そもそもデートにいつも来ていないってことは、それなりの低くない確率で告白されないだろうと踏んでいるに違いない。だとしたら、彼女としてはＯＫ態勢でデートに行くのはかなりのリスクが伴う。それなりの確率で、「超最悪」な気持ちになってしまうのだから。だから、そうするよりは、安上がりに男の出方を実験できるＮＧ態勢でデートに来たに違いない。だから、告白しないでおこう。

次に、あおいの脳内を考えよう。

あおいの脳内A　准一は、もし私がデートに来たら脳内1のように考えるに違いない。だから、デートに行くべきかは准一が割り振っている確率によるな。准一はどんな確率を割り振っているんだろう？

あおいの脳内B　准一は、もし私がデートに来たら脳内2のように考えるに違いない。だから、デートに行かないのはやっぱり得策ではない。准一は告白してきそうだから、OK態勢でデートに行こう！

あおいの脳内C　准一は、もし私がデートに来たら脳内3のように考えるに違いない。だから准一は告白してこないだろうから、やっぱりデートには行かないでおこう。

まず気づいてほしいのは、脳内1の考えと、脳内2および脳内3の考えの違いだ。前者は准一が意思決定をすることになったという事実をあおいの間違いの結果であると解釈しているが、後者ではそれをあおいが熟考して起こした結果だと解釈している。准一のそれぞれの脳内から導き出されるベストな行動はそれぞれ異なる可能性があるので、なぜあおいがデートに来たのか、それは間違いなのか意図的な選択の結果なのか、これを慎重に吟味することは准一にとっては重要課題なのである。

あおいがデートに来たのが間違いだと解釈する場合(脳内1および脳内Aに基づく考え方)は、画家ゲームの例で見たのと同様に、准一の情報セット内の意思決定点への確率の割り振り方は、様々な可能性が考えうるだろう。そこでここでは、あおいが意図してデートに来たとして、他の脳内のことを考えてみよう。

まず、脳内2および脳内Bの考えに基づくと、「あおいはデートに行かない、准一は告白しない」という状態は、何となく良くない予測だという気がしてくる。あおいは予想に反してデートに来ることで、OK態勢であることを暗に示唆できるからだ。このように「あおいはデートに行かない、准一は告白しない」をもっともな予測ではないとみなし、デートゲームでは「あおいはOK態勢、准一は告白する」が起きる、と予測する手法を、**前向き帰納法**と呼ぶ。なぜそう呼ばれるかというと、我々はまずあおいの意思決定問題を解いて、それからその次に起きる准一の意思決定問題を解いたからだ(「准一の脳内2」において、この順序で予想が構築されている）。

一方、脳内3および脳内Cの考えに基づくと、「あおいはデートに行かない、准一は告白しない」という予測も妥当である気がする。このような考え方には特に名前がないのだが、これは実は、本書でも何度か紹介した「ゲームにおける学習の理論」で発明された思考法を使ったものなのである。

以上、今までに起きたことが完全には分からない「不完全情報ゲーム」における予測の仕方を、画家ゲームおよびデートゲームを通して見てきた。情報が不完全な場合にはなかなかややこしい議論が必要になるが、ゲームの登場人物になりきってよくよく考えるとゲームの様々な側面が垣間見られるということを、ご理解いただけたかと思う。

そして、これが本書の本文の終わりである。ここまで読んでいただいたあなたは、ゲーム理論の「入門の入門」ステージを見事クリアだ。本書を読んで、ゲーム理論のイメージが湧き、少しでも「面白い」と思っていただけたなら、著者としては幸いだ。

読書案内

「入門の入門」を読了されたあなたは晴れてゲーム理論に入門する権利を手にしたわけだが、ではゲーム理論に入門するにあたって、次にはどんな本を読むと良いだろうか。ここでは僕自身が実際に読んだ本の中で、自信を持って本当にお薦めできる本のみを挙げていくことにする。ここに挙げない本は僕がお薦めできないと思っている、ということでは必ずしもなく、単に僕が読んでいない、という可能性もあるので、悪しからず。

梶井厚志・松井彰彦『ミクロ経済学　戦略的アプローチ』日本評論社、2000年

僕はこの本を、本書の次に読む本として最もお薦めする。「ミク戦」の愛称を持つこの本は、「ミクロ経済学」と銘打ってあるものの、ゲーム理論の話に始まり、ゲーム理論の話に終わる。身近な例からゲーム理論について学ぶことができる、とっつきやすい本だ。本書よりも数式が多く出てくるので読んでいて躓くかもしれないが、それで構わない。今や偉いゲーム理論家になった僕自身も、大学生の時は何度も躓きながら読んだ。数式が嫌いでも文章を読んでいるだけで考えさせられることの多い、名著である。

神取道宏『ミクロ経済学の力』日本評論社、2014年

ミク戦を読み終わったら、この本を読むといいだろう。この本はミク戦にも増して数式が多く出てくるが、ミクロ経済学の全容が、日本一分かりやすく、日本一正確に記述されている。この本でもゲーム理論について相当の紙面が費やされているし、ゲーム理論パート以外のところも、ゲーム理論への理解を念頭に読むとまた一味違う味わいを楽しめると思う。

松井彰彦『慣習と規範の経済学――ゲーム理論からのメッセージ』東洋経済新報社、2002年

この本はゲーム理論を使って社会における慣習や規範を分析したものだ。高度な数学も出てくるが、それについていけそうな読者はそれでよし。ついていけなさそうな読者は、数式は読み飛ばしていいと思う。ゲーム理論的思考のエッセンスがここかしこにちりばめられている本なので、ゲーム理論の切り口から社会・世の中の理解を深めたい読者にお薦めだ。

スティーヴン・D・レヴィット、スティーヴン・J・ダブナー『ヤバい経済学　増補改訂版』望月衛訳、東洋経済新報社、2007年

最後にお薦めするのは、少し毛色の違う本だ。本書第4章で紹介したPKの研究をしていたレヴィット氏も著者の一人。この本では、データを使って世の中の様々な仕組みの裏側を暴いていく。「相撲で八百長は本当にあるのか?」「先生はテストの点をインチキして書き換えているか?」などをデータを使って分析する。こういった議論の中に、ゲーム理論的思考が随所に出てくる。数式は出てこない、非常に読みやすい本だ。

おわりに

もう九〇歳になり入退院を繰り返している祖父。家が近くなかったこともあり、あまり顔も見せず、孫らしいことを十分してこなかった。だから本を書いて見せたい。これが、本書の執筆を決めた理由だ。従って、執筆を終え指折り数える感謝の念のうち、その最初を祖父に捧げたい。遠くからいつも見守ってくれていてありがとう、僕もこんな本を書けるくらいにはなりました。

本を書きたいと思っても、直ちに出版社が見つかるとは限らない。二〇一八年夏、事情を話すとすぐに出版社に繋いで下さった東京大学の神取道宏教授に謝意を表したい。

神取教授から紹介があったのは、岩波新書の編集長、永沼浩一氏だ。永沼氏には、本書執筆のすべての局面において辛抱強く激励および的確なアドバイスを頂いた。ここに謝意を表したい。そして、本書草稿を一度ならず読み専門的見地から多くの有用な指摘をしてくれたボッコーニ大学の福田慧助教授にも、感謝の意を表す。

本書に書かれている内容は、私が学生として受けた授業、現在受け持っている授業での学生のコメント、執筆している論文、そして世界中の研究者との数え切れないほどの会話、そのそれぞれに大きく依拠している。それら一つ一つの機会において私を学問的に成長させてくれた全ての人々に感謝したい。

最後に、本書を執筆する間、常に心のオアシスでいてくれた家族にも、ありがとう。

十月の、羽田空港。三時四五分発サンフランシスコ便の、待ち時間。いつものようにビールを買い、窓ガラスに面したカウンター席で、ノートパソコンを広げる。永沼氏から、新書の企画が社内会議を通ったとのメール。

一つ溜息をして、グラスを口に運ぶ。

ここ数日に起きた怒濤に想いを馳せる。「おじいちゃん」という件名の母からのメール。飛行機。新幹線。急遽買っておいてもらった黒ネクタイ。教会。賛美歌。

やけに大きな窓に映った僕の顔は、少しぼやけて見える。

鎌田雄一郎

鎌田雄一郎

1985年神奈川県生まれ．2007年東京大学農学部卒業，2012年ハーバード大学経済学博士課程修了(Ph.D.)．イェール大学ポスドク研究員，カリフォルニア大学バークレー校ハース経営大学院助教授を経て，テニュア(終身在職権)取得，現在同校准教授．2021年より東京大学大学院経済学研究科グローバルフェロー兼任．専門は，ゲーム理論，政治経済学，マーケットデザイン，マーケティング．*Econometrica, American Economic Review, Theoretical Economics* など国際学術誌に論文掲載多数．著書に『16歳からのはじめてのゲーム理論』(ダイヤモンド社)，『雷神と心が読めるヘンなタネ こどものためのゲーム理論』(河出書房新社)．

練習問題，参考文献，その他の情報はこのQRコードからアクセス！
http://ykamada.com/intro2gt/

ゲーム理論入門の入門　岩波新書(新赤版)1775

2019年4月19日　第1刷発行
2025年6月13日　第8刷発行

著　者　鎌田雄一郎（かまだゆういちろう）

発行者　坂本政謙

発行所　株式会社 岩波書店
〒101-8002 東京都千代田区一ツ橋2-5-5
案内 03-5210-4000　営業部 03-5210-4111
https://www.iwanami.co.jp/

新書編集部 03-5210-4054
https://www.iwanami.co.jp/sin/

印刷・三陽社　カバー・半七印刷　製本・中永製本

ISBN 978-4-00-431775-3　Printed in Japan

岩波新書新赤版一〇〇〇点に際して

ひとつの時代が終わったと言われて久しい。だが、その先にいかなる時代を展望するのか、私たちはその輪郭すら描きえていない。二〇世紀から持ち越した課題の多くは、未だ解決の緒を見つけることのできないままであり、二一世紀が新たに招きよせた問題も少なくない。グローバル資本主義の浸透、憎悪の連鎖、暴力の応酬——世界は混沌として深い不安の只中にある。

現代社会においては変化が常態となり、速さと新しさに絶対的な価値が与えられた。消費社会の深化と情報技術の革命は、種々の境界を無くし、人々の生活やコミュニケーションの様式を根底から変容させてきた。ライフスタイルは多様化し、一面では個人の生き方をそれぞれが選びとる時代が始まっている。同時に、新たな格差が生まれ、様々な次元での亀裂や分断が深まっている。社会や歴史に対する意識が揺らぎ、普遍的な理念に対する根本的な懐疑や、現実を変えることへの無力感がひそかに根を張りつつある。そして生きることに誰もが困難を覚える時代が到来している。

しかし、日常生活のそれぞれの場で、自由と民主主義を獲得し実践することを通じて、私たち自身がそうした閉塞を乗り超え、希望の時代の幕開けを告げてゆくことは不可能ではあるまい。そのために、いま求められていること——それは、個と個の間で開かれた対話を積み重ねながら、人間らしく生きることの条件について一人ひとりが粘り強く思考することではないか。その営みの糧となるものが、教養に外ならないと私たちは考える。歴史とは何か、よく生きるとはいかなることか、世界そして人間はどこへ向かうべきなのか——こうした根源的な問いとの格闘が、文化と知の厚みを作り出し、個人と社会を支える基盤としての教養となった。まさにそのような教養への道案内こそ、岩波新書が創刊以来、追求してきたことである。

岩波新書は、日中戦争下の一九三八年一一月に赤版として創刊された。創刊の辞は、道義の精神に則らない日本の行動を憂慮し、批判的精神と良心的行動の欠如を戒めつつ、現代人の現代的教養を刊行の目的とする、と謳っている。以後、青版、黄版、新赤版と装いを改めながら、合計二五〇〇点余りを世に問うてきた。そして、いままた新赤版が一〇〇〇点を迎えたのを機に、人間の理性と良心への信頼を再確認し、それに裏打ちされた文化を培っていく決意を込めて、新しい装丁のもとに再出発したいと思う。一冊一冊から吹き出す新風が一人でも多くの読者の許に届くこと、そして希望ある時代への想像力を豊かにかき立てることを切に願う。

（二〇〇六年四月）